THE MONETARY TURNING POINT

FROM BANK MONEY
TO CENTRAL BANK DIGITAL
CURRENCY (CBDC)

货币拐点

从商业银行货币到中央银行数字货币

[德]
约瑟夫·胡伯
(JOSEPH HUBER) 著

柯达 译

上海人民出版社

中文版作者序

货币的未来是数字化的，这在目前看来毋庸置疑。不过，未来的主导货币类型能否兼具数字化和主权性，特别是以中央银行数字货币（CBDC，以下简称央行数字货币）的形式呈现，例如数字人民币、数字欧元、数字日元或数字美元，仍然不太明朗。

这标志着货币供应总量构成的又一个历史性拐点形成了。货币历史早期的拐点是无管制私人纸币和中世纪国库券的兴起取代了传统硬币的主导地位，随后是19世纪基于金本位的中央银行对国家纸币的垄断，再然后则是20世纪商业银行存款货币的兴起。

商业银行的存款货币目前仍然占据主导地位，它作为公共流通中数量最多的支付手段，决定着货币供给和货币体系的功能。然而，全球范围内出现了新的货币替代品，例如各种类型的电子货币，以及稳定币和其他数字货币项目，特别是央行数字货币的扩张，表明了存款货币的巅峰时期已经逝去。

随着时间的推移，基于央行数字货币的技术和政治优势，预计它将超越银行存款和任何其他类型的货币。银行存款之所以能在反复出现的银行与金融危机中幸存下来，取决于国家和时间，特别是中央银行和政府一再出手施救。相比之下，中央银行数字货币本身就是法偿货币和基础货币，它由各自的国家货币当局根据需要自由创造，且不能被赎回为任何其他类型的货币，因此央行数字货币本身受到了各国“充分信心和信用”的支持。

随之而来的货币体系转型，正在改变中央银行在货币、财政和金融市场职能互动中的作用，这为货币政策的制定与实施提供了更多选择。

我非常感谢译者柯达和上海人民出版社，他们的努力付出让这本书的中文版能够与中国读者见面。

约瑟夫·胡伯（Joseph Huber）教授

2023 年 10 月 5 日

推荐序一

不论是学界、实务部门还是投资者或消费者，近年来对数字货币的关注程度日渐强化。单就法学界而言，对货币支付相关法律问题的研究，基本上是针对某一种新型支付工具或新型主权货币进行的阶段性讨论，而针对数字货币的研究则可以视为受区块链等新型信息技术发展推动的又一新阶段关注。这种阶段性研究造成的明显结果，就是相应的基础理论——“货币法”理论尚未成体系化，学界甚至在许多基本概念上都未形成共识，例如，究竟什么是法律中的“货币”，“数字货币”和“电子货币”的区别是什么？这种不成体系的基础理论，与货币在经济社会中的广泛使用形成了鲜明的对比。我国在数字货币领域采取了与大多数发达经济体不同的独特法律政策，即对私人数字货币采取严格禁止的监管立场，同时大力推动央行数字货币的研发，这种法律政策的正当性如何、能否平衡公共与私人的利益，需要学者的进一步冷思考。

研究货币法律问题的核心前提，是明确货币究竟“是什么”，即探究货币的本质“是什么”。事实上，在当今信用货币主导的体系下，货币的本质就是信用，这种信用不仅仅包括国家信用，也包括私人信用。有一种主流观点认为，货币就是国家发行的货币，国家已经实现了对货币发行的垄断。但深究货币发行原理便可以得知，国家根本无法完全垄断货币的发行，因为在当下的货币供应总量中，大部分的货币供给都是由商业银行为代表的私人主体所创造的。但国家无法垄断货币的发行，并不意味着无法主导或控制货币的发行，而是可以通过法定的调控手段改变私人主体的货币创造激励。由此可见，货币的信用本质是有层次的，法律对国家信用的维护不排斥对私人信用的保护；法律的目的不仅仅在于通过发行权力约束维护国家信用，还通过存款保险、准备金集中存管等方式维护私人信用。

《货币拐点：从商业银行货币到中央银行数字货币》一书通过构建一种新的货币分层理论，系统阐释了货币拐点的历史和经济逻辑，为央行数字货币在未来货币体系中占主导地位，提供了重要的理论依据。在我国数字人民币的研发正在稳妥推进的背景下，该书的出版更具有很强的现实意义。总体而言，该书主要有三点特色内容：

其一，通过分层理论进一步揭示货币本质。该书将所有类型的货币分为基础层、基于中央银行货币的第二层、基于商业银行货币的第三层、基础层挑战者，并分析各层之间运作的逻辑关系。不同层级的货币事实上体现了不同的货币信用，进而更为深入地辨明了货币本质。

其二，货币发行与货币政策、货币会计的理论融合。一方面，货币发行具有很强的外部性，中央银行通过货币政策调控金融乃至整个经济市场；另一方面，货币发行同时具有双向性，对于信用货币而言，货币的发行流通直接体现为会计记账行为。该书对货币政策与货币会计的理论融合阐述，使得货币拐点的理论构建更具有说服力。

其三，对货币发展未来谨慎提出预测。不同于一些学者轻易提出某种货币在未来具有最重要的发展价值（例如比特币将成为等同于黄金的货币储备），该书即便认为央行数字货币在下一个拐点中占据地位，也提出了相应的限制条件，以表明对货币历史发展逻辑的尊重。

该书的译者柯达是我指导的博士后，目前任职于华东政法大学经济法学院，多年以来均从事金融法特别是货币法的学术研究，其中与数字货币有关的学术成果已经在学界和实务界形成了一定的影响力。正如该书的中文译名所包含的"拐点"二字，希望这本译著的顺利出版不仅能成为译者学术道路的积极"拐点"，还能成为货币法研究的正向"拐点"。

吴　弘

华东政法大学教授、博士生导师

上海市法学会金融法研究会会长

推荐序二

现代金融法律制度的背后，必然有特定金融业态从初兴、繁盛、衰退再到重塑的内在商业逻辑予以支撑，对货币这一基本交换媒介而言尤为如此。《货币拐点：从商业银行货币到中央银行数字货币》一书从决定货币体系运作的主要支付手段——“主导货币”入手，系统梳理了不同历史发展阶段的主导货币形态：从金属硬币，到不受管制的私人纸币，再到央行垄断的纸币（金本位），进一步到商业银行主导的账面货币（银行存款），每一种新的主导货币的兴起都构成了货币史轨迹的拐点。央行数字货币可能会成为未来新时期的主导货币，即出现第四个货币拐点。如果这一拐点发生，银行存款在公众支付交易中的垄断地位将被打破，商业银行可能会退化为基于全额准备金制度运行的支付服务机构。

本书作者约瑟夫·胡伯教授长期关注和研究货币体制改革，主张改变“不透明、不安全和不稳定”的部分准备金制度，扭转商业银行货币体制下货币主权湮灭及中央银行货币政策失效的困境。由于绝大多数货币存量不是由政府以现金的形式发行，而是由商业银行通过有息贷款贷记到客户的账户之中，并通过部分准备金制度获得央行及主权国家的背书，因此商业银行对支付系统控制力的增强会引发更严重的金融排斥风险。自2008年金融危机之后，部分准备金与银行监管制度均受到了学界和业界的激烈批评，“狭义银行”等一系列旨在取消商业银行货币特权的改革方案被提出。胡伯教授认为，货币的未来可以预期是数字化和主权化的。通过一种新型主权货币来控制商业银行货币、新型货币替代品及其金融行为。其中，在技术层面，涉及用数字货币取代以往的账面货币；在制度层面，则涉及商业银行、影子银行与中央银行之间关系的重构。近年来，随着央行数字货币的广泛研发试验，中央银行甚至可以直接面向个人提供数字化的非现金服务，这为胡伯教授提出的货币改革方案增添了更多技术层面的可行性。我国自2023年以来开展的新一轮金融体制改革以及数字人民币的深入研发试点，同样是通过体制机制的完善增强货币金融的“公共性”。当然，在此种公共性得以强化的同时，如何对相应的货币发行权力、金融监管权力予以法治化约束，则是值得深入思考的又一重大命题。

基于个人兴趣，《货币拐点》一书对货币发行记账方式的重构尤其令人眼前一亮。传统的货币发行都是以央行负债的方式记账的，胡伯教授认为这源自商业银行货币机制的投射以及会计惯例的扭曲，且直接与法律关于财产转移方式的认定方式相悖。他认为，主权货币的功能是作为一种安全存量的支付手段，即“真实”货币；因此，在货币发行过程中区分“货币”和“信用”实无必要，包括现金、央行准备金和央行数字货币在内的主权货币都不是一种负债，而应当是一种货币资产。在此种会计认定的基础上，作者提出要通过独立于央行资产负债表的“货币登记册”，分离中央银行的货币创造与其银行业务。这本货币登记册设立两个账户：一个是用于记录中央银行发行货币数量的“货币账户”，包括硬币、纸币、央行准备金、央行数字货币；另一个是用于记录资金被投入流通渠道的“发行账户”，包括拨入国库的资金，以及将在央行资产负债表中用于各种央行操作、作为流动性货币存量的存款。作者认为，将用于货币创造的货币登记册与用于开展银行业务的资产负债表分开，可以消除目前货币创造记账中出现的矛盾之处，例如硬币一直被记为资产，而央行准备金被记为负债，但后者实际上并没有被“拨付”。当然，此种货币会计处理方式在实践中如何落地实施，仍是一个挑战。毕竟，央行数字货币的发行不仅涉及会计定性问题，还需要考量各国中央银行通过数字货币灵活使用多元化货币政策工具（例如负利率）的需求。

该书的译者柯达是我指导的博士，他博一入学就确定了金融科技的研究方向，从区块链、比特币到数字货币，进而复归一般货币理论与货币法问题，多有发表，被北大金融法中心的同学们戏称为“区块链小王子”。这本译作是他在入职华政之后出版的第一部作品。货币是横跨多个学科的复杂理论问题，希望柯达博士能结合新现象、新理论、新制度，持之以恒地做好货币领域的法学研究。

刘 燕

北京大学法学院教授、博士生导师

译者序

在各种机缘巧合之下，我于多年前开始涉足数字货币的法律研究，同时成为了一名货币理论的研究爱好者。之所以是“爱好者”，是因为法学界对货币缺乏系统成熟的理论阐释，许多涉及货币的论著直接援引经济学理论，而未协调货币在经济学与法学之间的逻辑关系。面对此种研究现状，作为一名非经济学专业的“门外汉”，我只能基于特定的法律纠纷和法学理论针对性地寻找相对应的货币理论，对博大精深、错综复杂的货币理论正处于并将长期处于认知学习阶段。在数字时代，货币理论的每一次发展完善，势必都会对相关货币法争议的解决提供一种新的思路。虽然博士论文答辩结束已近两年，但一位老师的提问至今萦绕在我的心头：如果现金不存在了，只有数字货币在全社会流通，那在重大自然灾害等突发事件发生时，中央银行要如何保障全社会的基本货币供应？这个提问从表面上看只涉及法学理论中的金融普惠或基本权利保障，以及如何协调现金与数字货币的法律地位；但进一步看，这个提问还涉及在基本商业 / 经济逻辑上，如何安排现金、数字货币或银行存款等支付手段的运行机制，以及相关的货币调控、会计处理等话题。在“强大的货币”作为建设金融强国的首要核心要素、我国率先推进中国版央行数字货币——数字人民币的研发试点背景下，如何协调“新货币”与“旧货币”的运行机制安排便成为法学、经济学等学科共同急需思考的问题。

胡伯教授所著《货币拐点：从商业银行货币到中央银行数字货币》一书从货币政策的视角，详细回应了协调“新货币”与“旧货币”的运行机制这一核心问题。该书基于由中央银行货币（以下简称央行货币）、商业银行货币（以下简称商行货币）* 等构成的货币分层体系以及四大货币历史拐点，认为与法律规定不同的是，既存的货币发行体制本质上是由国家中央银行支持、政府担保的私人银行货币机制，中央银行在适应性地调节商业银行对央行货币的需求，商行货币在当前占据主导地位。但在将来，央行数字货币将取代商行货币成为主导货币，并以此强化中央银行的作用和货币政策的实效。该书分为八章，除了第一章介绍核心观点之外，主要分为以下七大部分：第一，货币分层体系理论的构建；第二，商行货币机制的主导地位表现；第三，商行货币作为“准主权货币”的表现；第四，历史发展进程中的四大货币拐点；第五，各类货币的发展前景；第六，央行数字货币的设计原则；第七，数字时代中央银行与货币政策的变革。

该书有两大看似不是亮点的亮点：第一，尊重历史。对货币史的尊重，是研究货币理论的最基本要求；然而，许多（数字）货币论著会刻意忽略一些私人货币 / 主权货币曾发生过的通胀现象，进而夸大私人货币 / 主权货币在当下可以发挥

* 虽然“bank money”可以直译为“银行货币”，但为了避免与中央银行发行的“中央银行货币”相混淆，且实践中“bank money”基本由商业银行发行，本书将“bank money”译为“商业银行货币”。——译者注

的作用。该书在构建货币分层理论时，对于各类货币的典型历史事件均有援引，未偏袒任何一类货币。第二，尊重常识。对传统现象、生活常识或经验法则的尊重，是研究社会科学问题的基本要求；但同样在一些论著中，许多政策建议并没有事先考量既有货币类型的基本运行逻辑，甚至缺少对新型货币实际运行效果的实证观察。该书在提出新的货币会计规则、央行数字货币的主导作用之前，便已经详细阐释了传统货币的运行逻辑和基本定位，从而增强了相关结论的说服力。尊重历史、尊重常识的研究，在当下弥足珍贵。

感谢原版作者胡伯教授应邀撰写中文版序言并回应我提出的若干疑问，感谢吴弘教授、刘燕教授惠赐荐言，感谢伍坚、李诗鸿、夏戴乐、王秋豪、关瑾、李荣誉等师友对此本译著能够顺利出版提供的指导与帮助，同时感谢我的研究生金学博、吴明聪参与文字校对等工作。本书中如有任何错漏之处，责任都归于译者本人。

柯　达

于华政格致楼

癸卯年冬

专业术语汇总

专业术语	对应解释
AI	人工智能
Bank money	商业银行货币（本书简称为商行货币），即客户在商业银行以活期存款、储蓄或定期存款为形式的账户余额
BIS	国际清算银行
Cash equivalents	现金等价物，包括类货币（例如存单），以及短期证券（例如国库券、银行承兑汇票、商业本票、回购协议）
CBDC	中央银行数字货币（本书简称为央行数字货币）
CC	补充性货币
Central-bank money	中央银行货币（本书简称为央行货币），即中央银行以纸币、准备金等形式发行的货币（虽然大部分硬币仍然是“国库货币”，但其仍通过中央银行流通）
CPI	消费者价格（通胀）指数
Digital token	以数字化货币单元为形式的“代币货币”
DC	数字货币
DCEP	中国版央行数字货币 *
DeFi	去中心化金融，即“点对点金融服务”的通称
DLT	分布式账本技术或去中心化区块链技术
ECB	欧洲中央银行（本书简称为欧洲央行）

* 中国发行的央行数字货币目前有“Digital Yuan”“e-CNY”“DC-EP”等英文简称，目前实践中更常用的是“e-CNY”。——译者注

（续表）

专业术语	对应解释
FASB	财务会计准则委员会（美国）
Forex	外汇交易
GAAP	《一般公认会计准则》
GDP	国民生产总值
IASB	国际会计准则理事会（欧盟和英国）
ICO	首次代币发行（针对加密货币）
ID	身份（例如货币使用者的识别码）
IFRS	《国际财务报告准则》
IMF	国际货币基金组织
IPO	首次公开发行（针对股票）
IT	（先进的）信息和通信技术
MMF	货币市场基金
P2P	点对点，即非间接性、无需中介
PSP	支付服务提供商
QE	量化宽松，即“宽松货币”的扩张性政策
QT	量化紧缩，即“紧缩货币”的收缩性政策
Reserves	商业银行在中央银行的账户余额，其作为银行间非现金交易的支付手段
RTGS	实时全额结算支付系统，其一般为中央银行运营的支付系统
TARGET	泛欧实时全额结算系统，其为欧洲中央银行运营的支付系统
TIPS	经 TARGET 处理的即时支付结算
TLTRO	定向长期再融资操作
tps	每秒可处理的事务 / 交易数
Twh	每亿千瓦小时

表格与专栏汇总

一、表格

表 2.1　货币的三层分类　11

表 8.1　货币登记册的账户结构　213

二、专栏

专栏 3.1　“金融半球”：GDP 金融和非 GDP 金融　53

专栏 7.1　央行数字货币的十大设计原则　166

目　录

中文版作者序　1

推荐序一　1

推荐序二　1

译者序　1

专业术语汇总　1

表格与专栏汇总　1

第一章　核心要点　1

第二章　货币分层体系与货币的种类、创造和流通　10

第一节　货币的三层分类概述　10

第二节　基础层：央行货币　10

第三节　第二层：活跃型商行货币 vs. 非活跃型商行货币　18

1. 活跃货币：流动性商行货币　18

2. 非活跃货币：非流动性商行货币　22

第四节　第三层：新的货币替代品　23

1. 货币市场基金　25

2. 电子货币 27
3. 稳定币 29
4. 补充性货币 33
5. 基础层挑战者：无保障 / 无担保型加密货币与补充性货币 34
第三章 主导货币：商行货币机制 40
第一节 主导通货 vs. 主导货币 40
第二节 作为主导货币的商行货币：货币控制的实质性丧失 42
1. 居主导地位的商行货币 vs. 居次要储备地位的央行货币 42
2. 现金和央行准备金的减少 44
第三节 货币信用 vs. 中介信用：支付处理（者）和金融中介 48
第四节 “金融半球”：GDP 金融 vs. 非 GDP 金融，消费者价格通胀 vs. 资产通胀 51
第五节 金融市场反复失灵 59
第四章 货币主权：商行货币作为准主权法定货币 66
第五章 货币供应总量构成中的历史拐点 75
第一节 时代兴衰中的货币类型 75
第二节 17 世纪 60 年代至 19 世纪 40 年代：无管制纸币的兴起 vs. 主权硬币系统重要性的初始衰落 78
第三节 19 世纪 40 年代至 1910 年前后：国家央行发行纸币的兴起 vs. 无管制纸币的衰落 81

第四节 19世纪末至2010年前后：商行货币的兴起 vs. 央行纸币和准备金的衰落 83
第五节 21世纪20年代：数字代币（特别是央行数字货币）的兴起 87

第六章 当前的货币供给重组 90
第一节 货币的未来是数字化的 90
第二节 各类货币的前景概览 100
第三节 央行数字货币开始崛起 102
第四节 商行货币时代的巅峰已经过去 109
第五节 央行准备金将会如何发展？ 117
第六节 现金——在去货币博物馆的路上 118
第七节 无支持型加密货币的前景 121
1. 本质上是一张空头支票 121
2. 比特币和以太币 123
第八节 认真对待作为竞争者的稳定币 125
1. 作为竞争者的稳定币 125
2. 稳定币的潜在问题 127
3. 稳定币与商行货币和央行货币的竞争 129

第七章 央行数字货币的系统设计原则 138
第一节 央行数字货币的系统架构是什么？ 138
第二节 央行数字货币追求的目标和预期的收益 141
1. 货币的互联互通（即互操作性、可兑换性） 142
2. 提高效率，降低成本 142
3. 提高效用 143

4. 社会普惠 143
5. 保护金融隐私、可验证性和合法性 144
6. 提高货币政策有效性、增强金融稳定性 144
第三节 央行数字货币与商行货币之间的脱媒、替代与竞争 145
第四节 央行数字货币设计原则的影响 149
1. 根据市场需求发行央行数字货币 149
2. 央行数字货币的无障碍使用 150
3. 央行数字货币是否应当计息？ 152
4. 作为“良币”的央行数字货币 vs. 作为“劣币”的商行货币 155
5. 逐步取消国家对非法偿货币支付手段的支持 158
第五节 银行挤兑——对央行数字货币设计原则的进一步启示 159
第六节 将央行数字货币投入流通 163
第七节 稳定币和其他第三层货币替代品的保障 167
第八章 央行数字货币条件下的中央银行与货币政策 178
第一节 货币政策目标：是否控制货币创造、通货膨胀、利率、经济增长和就业 178
第二节 中央银行的独立性：既独立于政府，也独立于银行与金融业 185
1. 银行的银行？国家的银行？ 185
2. 财政和预算职能的独立性 188
3. 与银行和金融业相关的独立性 191

第三节 回应性货币政策的参考变量和工具 194
第四节 货币融资、国家债务的中和、直升机撒钱 197
1. 政府支出的货币融资 197
2. 国家债务的中和 198
3. 直升机撒钱 203
第五节 货币会计问题 204
1. 货币会计的长期谬误 204
2. 本不应该是债务的“债务货币” 206
3. 基础货币作为一种权益或社会资本 208
第六节 超越货币与信用的虚假身份 211
1. 通过货币登记册分离中央银行的货币创造与银行业务 211
2. 中央银行和商业银行资产负债表的变化 215

索 引 221

第一章 *1*

核心要点

货币体系正处于一个新的拐点。现阶段占主导地位的货币种类正在衰落，而新的货币种类正在兴起，它们竞相成为下一个占主导地位的货币，以期能成为决定货币体系运作的主要支付手段。

目前占主导地位的货币是“商行货币”，即商业银行往来账户上的余额，它又被称为活期存款（sight deposits 或 demand deposits）。通过商行货币进行非现金支付已经成为一种标准化的共识，以至于“央行货币”成为了“次要”的货币。为了在正常业务条件下创造商行货币，商业银行只需要维持以现金和央行准备金为形式的少量支付准备。

现金（包括硬币和纸币）的鼎盛时期早已逝去，它在货币总供应量中所占的比重如今往往只在个位数范围内，其中相当一部分现金甚至没有流通，而是充当了处于休眠状态的“安全垫”。除了小额现金之外，现金的实际作用不再具有系统重要性。此外，央行准备金相对于商行货币的重要性也有所下降；在这方面，人们不应被 21 世纪前十年作为危机应对政策的量化宽松所导致的央行准备金过剩所欺骗。

相比之下，商行货币虽然仍处于鼎盛时期，但现在可能已经 *2*

不再占据顶点。从当前角度来看，银行转账会过时似乎是不可想象的；但随着时间的推移，这很可能会发生。由于中央银行和政府积极支持商行货币，并在一次又一次危机中为银行业纾困（即提供紧急财政援助），商行货币在央行准备金的较小比例基础上越来越具有主导地位。否则，如果作为一种没有国家担保的纯粹私人支付手段，商行货币早就像过去的私人纸币一样消亡了。

与此同时，另一个导致商行货币逐渐衰退的原因与央行准备金相同，即商行货币是“账面货币”（book money）——它通过在商业银行之间转移账户余额的方式用于非现金支付。而“数字代币”（digital token）或“数字货币”（digital money）等新型货币在技术上更为优越，它们的崛起会对账面货币构成巨大挑战。在某种程度上，数字代币是一种“数字现金”（digital cash）。接收、存储和支付数字代币的工具是继（实体）钱包、钱夹和活期账户之后的电子钱包（E-wallet）；与用手传递现金相似，数字代币直接从付款人的电子钱包点对点转移到收款人的电子钱包中。当然，这种货币转移方式不适用于商行货币，以及用于银行间支付的央行准备金。

与现金不同的是，数字代币的面额可以像账面货币一样灵活。某些数字代币类型的交易有望比传统的银行转账更容易处理、更快、更便宜，甚至更安全。最重要的是，数字代币开启了通过智能合约等技术实现“可编程性”（programmable）的大门，这一额外功能是账面货币难以通过改进而实现的。因此，数字代币可以作为传统现金、商行货币和央行准备金的替代选择，甚至成为它们的继任者。就像利用账面货币的非现金支付取代传统现金一样，数字代币也将逐渐取代包括商行货币和央行准备金在内的账面货币。

在过去三个半世纪里，货币供给的结构组合经历了三个划时
代的拐点，而第四个正在浮现。从技术角度看，这一结构组合的
变迁体现为从金属硬币、纸币再到账面货币。直到 17 世纪中叶，
货币都是由白银、黄金或铜制成的主权硬币。由于铸币量难以满
足不断增长的人口和经济发展的需要，硬币在一定程度上被私人
银行券或政府国库券所补充和取代。在此期间，银行券和国库券 3
的发行基本上不受管制。在欧洲，这导致了纸币的反复过度发
行、贬值和接受度低等问题；相较而言，后来的北美殖民地统治
者在“殖民券”（colonial bills）发行上则更为深思熟虑和成功。

针对上述问题，欧洲各国从 19 世纪中叶起开始逐步引入中央银行的纸币垄断制度，这是第二个货币拐点。纸币垄断建立在金本位制的基础之上，后者被认为是对货币供给的人为限制。然而，由于工业化和城市化带来了前所未有的货币增长压力，金本位制并没有持续取得成功。

随之而来的，是第三个货币拐点。数百年来银行间债权债务的清算实践，促成了以央行准备金和银行存款为形式的账面货币在 20 世纪初期的广泛普及，这主要涉及通过转移往来账户余额进行非现金支付。账面货币的广泛流通现象催生了商行货币机制，该机制在之后的 20 世纪 20 年代至 70 年代得到进一步巩固。不过，商行货币机制再次引发了经常性的货币过度发行、过度信贷和过度负债。债务与货币危机、银行与金融危机在全球范围内愈发频繁；同时，货币政策的实效性下降，货币创造基本失去了控制，商行货币机制似乎已经进入了一种无法治理的状态。

为了解决当前的问题，第四个货币拐点即将到来。此种变化

是由货币供给的另一种重构产生的，即新型货币出现并争夺未来的主导地位。而当下仍占主导的商行货币即将失去重要地位，传统的现金（硬币和纸币）将完全消失。

央行数字货币已经明确成为未来主导货币的有力竞争者。其他竞争者还包括“加密货币”（cryptocurrency），特别是未受到其他货币“保障”（covered/warranted）的加密货币（以下简称“无保障型加密货币”或“无担保型加密货币”），或以 1∶1 的比例稳定地与美元或另一种储备货币单位挂钩的“稳定币”（stablecoin）。这种稳定币的潜力，超越了新型货币目前体现的初期不利因素；相比之下，像比特币这样的无担保型加密货币速度太慢、耗能太大、价格昂贵，因而无法在竞争中取胜。不过，其他诸如基于
4 “权益证明”（proof-of-stake）创造的以太币（Ether）可能会表现得更好。从目前来看，加密货币在多大程度上可以成功地发挥常规、真正普遍的支付手段这一重要作用，或者是否一定会成为特殊用户群体的特殊用途工具，答案仍然是开放的。

在未来数年甚至数十年内，央行数字货币与加密货币将会给商行货币带来压力；此外，这一挑战还会影响到央行准备金。从技术角度看，商行货币和央行准备金都属于同一类型的账面货币；而从货币（运行）角度来看，央行准备金只是作为商行货币的一部分基础，其从未向普通公众开放使用。如果这种情况持续下去，央行准备金将与商行货币一起失去现有的功能，这正是各国中央银行计划发行央行数字货币的决定性因素。否则，在供普通公众使用的大量央行货币存在缺位的情况下，中央银行不仅会面临变得“无关紧要”的地位风险，而且还会失去其所掌控的国家货币主权。

在2022年冬奥会之际，中国人民银行正式推出了央行数字货币——数字人民币。数字人民币有助于改进国家支付系统，并强化中央银行在大型电子货币*企业（例如阿里巴巴、腾讯）提供用户服务过程中的关键作用。更重要的是，这也可能被视为改变国际货币体系的第一步。

除了数字人民币，脸书公司（Facebook）从2019年到2022年还试图推出一种名为“Libra”（天秤币）的全球稳定币，后来更名为“Diem”（迪姆币），但最后未能发行。这两个事件（数字人民币和Libra/Diem项目）都有助于加速各国中央银行推进央行数字货币的研发，目前已有十余家中央银行正在开展广泛的试点项目，而其他大多数中央银行也在探索（相关的理论或应用问题）。[1] 在不久的将来，所有中央银行均会推出数字货币，这只是时间问题。在此情况下，人们将更少甚至根本不使用现金支付、更少使用商行货币，同时越来越多地使用央行数字货币（例如数字美元），或者以各国中央银行、财政部所发行货币计价的其他数字代币。

因此，央行数字货币崛起、加密货币争夺霸主地位、商行货币试图维护既有地位的情况正在同时出现。当然，这只适用于西 5
方世界，而不适用于中国，因为中国已经于2021年9月禁止加

---

* 根据国际清算银行以及欧盟立法机关等机构的主流规定，“电子货币”（E-money）是指将资金（fund）或“价值”（value）存储于电子设备上的储值或预付费产品，其不包括通过电子通信方式获取的常规支付服务（例如网上银行转账）即“权限产品”（access product）。不过，我国学界业界也将借记卡、贷记卡等所谓的“权限产品”视为电子货币，而本书涉及的电子货币定义更贴近于国际主流惯例。——译者注

1　参见Atlanticcouncil.org/cbdctracker。

密货币交易，从而禁止了中国境内数字人民币的任何数字竞争。

有人可能会问，为什么商业银行不直接发行数字货币，即作为一种代币化的商行账面货币。这种做法实际上倒退到了18世纪，当时商业银行发行的私人银行券，与欧洲各国王室发行的纸币一样遇到了诸多流通困难，直到19世纪被中央银行垄断的纸币所取代。尽管中央银行如今主要扮演着“银行的银行”这一角色，但它们不太可能容忍这种倒退。

参与企业联合体合作的商业银行如果充当稳定币的发行人，它们将受到有关监管规定的约束。最有可能的监管方式，是要求同一单位稳定币必须受到其他货币类型和现金等价物的全面保障，而不是在央行准备金的部分保障下仍然给予商行货币的地位。从目前来看，这种监管模式下的稳定币对商业银行没有吸引力；但相比之下，非银行金融机构——特别是影子银行和拥有数亿客户的互联网公司，对稳定币的兴趣则异常浓厚。

随着数字货币的普及和商行货币比重的下降，商业银行将再次成为“金融中介”，即成为使用央行数字货币甚至加密货币、稳定币的贷款经纪商和投资者，但它们作为“货币”金融机构或商行货币创造者的地位将随之下降。需要注意的是，商行货币的地位弱化甚至在未来的消亡，并不意味着银行业的终结。这是因为，信贷和银行早在古代就出现了，如今在一个货币化和金融化的世界里，商业银行仍然不可或缺。同时，商业银行需要随着时代而发展，货币兑换服务商、支付服务提供商、放贷人、投资机构以及其他金融机构，将像使用传统货币一样使用央行数字货币、加密货币和稳定币以开展业务。

目前，商业银行仍处于优势地位，只有它们才有资格向中央银行申请再融资。商行货币被允许在一小部分央行准备金的基础上进行流通，这反过来又涉及中央银行对既有商行货币的广泛支持和国家担保，进而体现为对银行业本身的担保。在此情况下，具有系统相关性的大型商业银行及其创造的商行货币便获得了 6
“准国家”（para-state）地位。

不过，这种情况已经出现了转变。由于央行数字货币和私人数字货币的兴起，商行货币在公众支付交易中的几近垄断地位将被打破。此外，非银行金融机构和政府机构也可以间接地从中央银行获得再融资，一些中央银行甚至直接为政府支出提供相应资助。这种在传统上被定性为临时性的非常规措施，目前看起来更像是一种固定化的新常态。

商业银行和非银行金融机构提供的金融服务范围，已经发生了巨大变化。在早期，除了商业银行之外，没有其他金融部门（保险公司除外），银行就是金融部门。与此同时，新出现的支付服务提供商和影子银行，已经分别以新型信贷机构和投资机构的形式，广泛加入传统银行业务的队列。随着央行数字货币和私人数字货币的普及，以及随之而来的商行货币比重的相对下降，传统银行业与非银行金融机构之间的差异可能会趋于缩小。

新的发展正在改变中央银行和传统非银行金融机构之间的关系。例如，中央银行不再只为商业银行提供再融资，而事实上已经承担起整个金融部门的休戚与共、稳定影子银行与金融市场以及为公共债务进行间接再融资的职责。在当前，政府预算一般可以占到国民生产总值（GDP）的 40% 至 60%，因而是金融经济的重要组成部分。无论如何，将私人金融和公共财政截然分离是不切实际的；尽管它们是两个不同的部门、运作方式存在差异，但它们相互交织、相互依存。

为应对近几十年的金融危机，各国中央银行已开始考量银行业、私人金融和公共财政的广泛影响和相互关联性。这不是货币、金融市场和财政职责的“退化式”联合，相反，它通过重新评估货币政策在金融市场和公共财政中扮演的角色，对这些职能的分工进行必要的重新调整。面对可能失衡的金融利益（不论
7 是来自私营还是公共部门），中央银行必须能够维护自身作为独立货币当局的地位，配备具有“系统决定性”的央行数字货币供给，以此成为强大的政策传导杠杆。只有基于这种定位，中央银行才能作为主要货币基础的创造者，以及银行部门、非银行金融机构和国家的最后贷款人，尽可能平衡和有效地实施货币政策。

就货币创造如何记账而言，相关变化同样即将发生，首当其冲的是将央行货币作为央行负债进行会计核算的传统做法。这是一个奇怪且不合时宜的事物，因为在很久以前，“真实”（real）货币是由银币和金条组成的。至少在中央银行的资产负债表上，货币理应始终保持它的本来面目——一种作为“安全存量”的流动性货币资产、一种国家或国际社会的货币基础。即便货币是为了扩张信贷而创造的，但货币和信贷是两码事；“信贷 / 信用货币”（credit money）或“债务货币”（debt money）是方便的比喻（尤其是在以账面货币为基础的银行业务中），但它们也暗示了货币和信贷的虚假身份。

本书首先概述了当前货币类型的功能层级，之后介绍迄今为止现代货币类型的兴起与衰落的历史轨迹，由此总结成本书的理论重点——货币供应总量构成中的“货币拐点”模型，以及相应

的“主导货币”范式。

在中央银行和政府目前的设想中，央行数字货币和商行货币在未来将和平共处，而非为了争夺主导地位开展竞争；同样的逻辑还体现在中央银行和商业银行都没有将包括稳定币在内的加密货币视为真正的竞争威胁。然而，现实的发展可能并非如此。

9 第二章

货币分层体系与货币的种类、创造和流通

第一节　货币的三层分类概述

表 2.1 展示的货币分类基于两个标准：一是货币的技术形式，例如金属硬币、纸币、账面货币、数字货币；二是货币发行者，例如财政部（对应硬币、部分纸币），中央银行（对应纸币、央行准备金、央行数字货币），商业银行（对应商行货币），货币市场基金（对应 MMF 份额），电子货币机构（对应各种电子货币），地方或特殊目的共同体（对应补充性货币）以及加密货币的发行者或“挖矿”（mining）系统。[1]

第二节　基础层：央行货币

在基础层，货币以硬币、纸币和央行准备金的形式存在（央行数字货币即将加入），其均由中央银行负责流通。作为一种实

1　关于加密货币的分类方法，可比较 Bech and Garratt (2017, pp. 57–62) 和 Adrian and Mancini-Griffoli (2019a, pp. 2–5; 2019b)；关于 100% 电子货币和稳定币，可参见 Hess (2019)。

表 2.1　货币的三层分类

具体分层	对应货币的特征
基础层 • 硬币 • 央行纸币 • 央行准备金（基于央行账户） • 央行数字货币	• 央行货币 / 国库货币 • 主权（法定）货币 • 法偿货币 • 无需其他货币类型支持或提供赎回的基础货币
第二层（基于央行货币） • 流动性商行货币（即活期存款*） • 非流动性商行货币，即类货币（即储蓄或定期存款）	基于一小部分央行准备金
第三层（基于商行货币） • 货币市场基金（份额） • 电子货币 • 稳定币 • 补充性货币	基于商行货币和现金等价物（类货币、主权债券、存单、商业票据、银行承兑汇票、短期回购等）1∶1 发行的新货币替代品
基础层挑战者 • 无保障 / 担保型加密货币（例如比特币） • 无支持型补充性货币	直接挑战基础货币，因此挑战了货币主权

体，硬币和纸币是正统意义上的现金。虽然流动性较强的商业银行存款通常也被称为现金，但这是一种误导。硬币是目前仍在使用的最古老货币形式。在大多数国家，硬币通常由国家铸币厂生产，并按面值由财政部或中央银行发行。其中，财政部收到的货 10
币资金贷记存入其央行交易账户，而由此产生的货币创造收益则成为“真实铸币税”（genuine seigniorage），即硬币面值与其生产成本之间的差额。然而，如今硬币只占现金总量的 2%，并在公

* “活期存款”对应原著词语有“sight deposit”和“demand deposit”，两者都指不经通知或在立即通知的情况下允许用户支取现金的存款，相较于更常见的“demand deposit”，“sight deposit”多出现于欧洲的法律和商业实践之中。——译者注

众流通中只占到官方货币存量的 0.2%。[2]

98% 的现金由中央银行发行的纸币组成，其由受货币管辖区内中央银行委托的国家印钞机构进行印制。作为货币当局，中央银行在当下拥有对纸币的主权垄断，即便其因私人业务而兴起，但仍保持原来的名称。

中央银行根据商业银行的需求提供纸币和硬币，并基于抵押品（主要是主权债券）向商业银行发放信贷。在此情况下，现金由中央银行“贷”给银行业。之后，商业银行根据客户的需求，即当客户从其活期银行账户提取现金时，或当客户将外币兑换成
11 国内现金时，商业银行向用户提供现金、使现金在社会中流通。

在发达国家，现金使用量几十年来一直在下降。在 20 世纪 60 年代，用现金信封支付工资的方式基本上消失了。虽然在支付方式较保守的地域，60% 的公众在商店或餐馆收银台结账时仍然使用现金，但相应的金额比较小。在斯堪的纳维亚半岛国家和英国，这一比例仅为 20% 或更低；在较高金额的支付方式中，现金的占比就更少了。现金使用量下降的总体趋势是毋庸置疑的，这在新冠疫情期间进一步加剧——越来越少的现金 vs. 越来越多的非现金支付。通过银行转账、直接借记、网上银行、借记卡或信用卡的支付越来越常见，此外，人们还可以通过手机上的银行卡钱包 App 进行非接触式支付。[3]

据统计，在发达国家，现金占公共货币供应量——M1（包

2 在欧元区，硬币占现金的 2.16%。

3 ECB (2020, chs. 2–3), Benson et al. (2017), Lalouette and Esselink (2018), and Dt. Bundesbank (2022).

括现金和流动性银行存款）的比例目前已经降至 15% 甚至更低。[4] 在瑞典和挪威，现金只占该国货币供应量的 2% 至 3%，其中不到 10% 的交易是用现金支付的。在仍然广泛使用现金的地域，也只有大约五分之一的现金处于活跃流通状态。剩下的现金被当作安全垫存放在保险柜里，或者藏在如谚语所说的床垫下面。作为主要储备货币的现金——通常是美元，其次是欧元——在本币疲软的国家中充当“平行货币”（parallel currency）。[5]

向商业银行“贷出”现金，通常不是中央银行将货币投入流通的第一步。中央银行首先以央行准备金即央行账户上的余额这一形式，向商业银行提供贷款。中央银行对商业银行的贷款往往采用政府债券进行担保，这意味着担保品是“信贷”而非“货币”。央行货币的货币“保障”（coverage）功能——就像过去白银和黄金发挥的功能一样，目前已不再必要，因为央行货币已经成为“主权法令”（sovereign fiat）下的基础货币。

自 19 世纪末特别是 20 世纪以来，基于账户的“贷方分录” *12*
（credit entry）已成为货币的初始形式，其仍被称为存款或存款货币，即使一开始并没有现金或其他任何事物被存入账户。长期以来，现金一直是账户余额的一种交换对象，人们可以提取预先存在的账户余额，并通过另一支付过程重新存回账户。然而，就现代银行业的起源发展而言，货币都是非现金形态的，无论是商行货币还是央行准备金。与作为中央银行的基础货币且必须由商业

4　federalreserve.gov/releases/h6/current/default.htm. ECB, Statistical Data Warehouse, Monetary Statistics, Tab. 1.1, 1.4. Dt. Bundesbank, Monthly Reports, Tab. II.2.

5　Rogoff (1998, 2014, 2016), Keohane (2017), Esselink and Hernández (2017), Dt. Bank (2020, Part I), Dt. Bundesbank (2022), and ECB (2020).

银行提供全额准备的现金不同，商业银行只需要一小部分央行准备金，就可以在自己的资产负债表上创造基于账户的商行货币。

央行准备金仅供银行间使用。它们用于商业银行之间、商业银行与中央银行之间的支付交易，部分还用于银行与特定政府机构（例如更高级别的财政部或税务机关）之间的支付交易。大多数政府机构、非银行金融机构、各种实体经济企业和私人家庭都无法获得央行准备金，因为它们无法获得使用央行账户的准入权限。虽然有些国家中央银行的具体情况存在差异或例外，但一般而言，中央银行和非银行主体之间不进行直接的支付交易，后者必须通过商业银行的往来账户进行结算，因为央行准备金永远不能直接转入非银行主体的往来账户，更没有非银行主体的活期存款会直接转入商业银行在中央银行开设的央行账户。由此可见，两层式货币银行体系下存在着一种核心特性——账面货币流通的“分离循环”（split-circuit）结构，这包括中央银行和商业银行之间以使用中央银行准备金为基础的银行间循环，以及商业银行和非银行主体之间以使用商行货币为基础的公众循环。[6]

现在几乎可以肯定的是，在未来几年，央行数字货币将作为另一种央行货币被推出。起初，与央行数字货币有关的设想还包括让作为非银行主体的公众也可以使用央行准备金。[7]但目前更有可能的是，央行数字货币将是一种全新的货币类型——严格意
13 义上的数字货币，即通过电子钱包存放和管理、钱包之间的交易由央行支付系统的计算机节点验证的“数字代币”。无论最终采

6 关于“分离循环”结构以及商行货币与央行货币之间的互动，可参见 Huber (2017a, p. 57; 2017b, pp. 63–84)。

7 参见 Niepelt (2015, 2021)。

取何种设计机制，央行数字货币将像现有的央行准备金和现金一样进入流通，或者采用 1∶1 等额比例兑换的方式发行。后续章节将另行讨论央行数字货币的可能品种，以及它们的理想和不理想特性。

中央银行根据公法发行的货币——硬币、纸币、央行准备金、央行数字货币，是国定货币、主权法令货币、基础货币、高能货币、不受限制的法偿货币。这些涉及货币的术语存在一定差异，以分别在不同方面或不同语境下阐释央行货币的特点。这同样适用于“主权货币”这一概念，而主权货币的范围则有所不同：

第一，主权货币由特定国家机构发行，以前是财政部，之后在更具现代意义的时期则是国家的中央银行，这些银行被国有化并且受到国家法律的约束。

第二，主权货币是体现主权法令的基础货币，其不可兑换为其他类型的货币（因此不需要货币储备），尽管它的不同形式之间可以相互兑换。

第三，主权货币在发行时与债务无关（即无利息、非赎回）。

第四，主权货币通过支出而非贷款进入流通。

在这四个特征中，前两个特征是主权货币的最低要求，第三个和第四个特征在传统上相互联系，因为新的硬币和财政部发行的纸币是通过政府支出的方式发行的。如今，由中央银行和私人商业银行发行的“信贷—债务货币”（credit-and-debt money）占据主导地位，而无债务货币（debt-free money）的发行已经被废止。信贷—债务货币使货币体系极易受到金融体系风险的不利影响，因为商行货币完全暴露于银行业的风险之中，这也导致其风险通常远高于中央银行业务。由于央行数字货币使货币供应发生重构，作为安全存量的无债务货币与信贷—债务货币的并存重新成为可能。这种可能性是否会实现以及在多大程度上实现，目前仍无法判断。

由中央银行发行的主权货币（或在美国由财政部发行的主权
14 货币）是唯一一种具有法偿货币地位的货币。这并不意味着公众必须使用法偿货币；相反，在原则上，不论收款人是否接受相应的法偿货币形式，以这种货币进行偿付均可以结清付款人的债务。不过，如今大多数收款人不再接受现金支付，而是坚持用商行货币支付；但商行货币既不是基础货币，也不是法偿货币，而是央行货币在第二层货币体系中的替代品。

央行货币是基础货币，意味着第二层商行货币建立在它的基础之上，这就像位于第三层的新货币替代品是建立在商行货币的基础之上。商业银行有义务应客户的要求将商行货币兑换成央行货币，这就像第三层货币替代品的发行人有义务应持有人的要求，将货币替代品兑换成商行货币一样。不过，这种情况在实践中的实现程度还有待讨论。

事实上，法定基础货币的不可赎回性，在 19 世纪的金本位制时代就已经出现了。尽管中央银行发行的纸币和账户余额必须由黄金或白银作为支持，但这种支持基础并没有得到实际兑现支付。此外，从 19 世纪后期开始，金币和银币逐渐被作为“代币”的金属合金硬币所取代。与中央银行发行的纸币和央行准备金（对商业银行而言）以及商行货币（对非银行主体而言）相比，硬币的重要性全面下降。在 1930 年到 1971 年金本位制逐渐终结后，所有的货币都是纯粹意义上的代币。从技术角度来看，货币发行者可以假设性地创造任意数量的代币。不过，央行货币是唯一一种由主权法令决定作为基础货币和法偿货币的货币，它不受其他类型货币的支持，也不能用其他类型货币赎回。[8]

显然，现代货币是由那些在法律上被授权或事实上有能力这样做的主体“凭空”（ex nihilo）地创造出来的，他们只需“按下按钮”。有人可能会问，为什么凭空创造的货币具有价值？事实上，货币的价值是它的购买力，即由货币实际能买到的东西所保障的程度，这首先体现在基于实体经济生产率和计入实体经济产出（例如 GDP）的商品价格；当然，它也可以作为资产价格的锚，尽管资产价格对当前经济产出的依赖更为间接、长期和复杂。与此相关的是，货币的价值还取决于国内外对一国货币的信 15
任，这种信任植根于特定国家或国家共同体的政治稳定程度和经济实力。

区别于货币价值的是货币的“有效性”（validity）。以国家货币单位计价的支付手段，其有效性一部分由法律确定，另一部分由日常实践确定。其中，一个主要标准是重要的国家机构——例如税务机构或法院，其是否接受并使用某种特定的支付方式。从这一角度来看，当前商行货币和央行货币（即法偿货币）一样有效。虽然新的第三层货币替代品和未受保障的基础货币挑战者通常不被政府机构接受，但它们在特定的私人金融领域仍可以被接受。从该角度来看，任何在更广泛的流通中被接受的支付手段都是有效的货币，即使它不必然是一种普遍的（universal）支付手段。

8　从这个意义上说，货币国定论的创始人克纳普（G. Fr. Knapp）(1924, pp. 88–96) 已经区分了“限定或强制性的”货币（即基础货币）与“特许”或可赎回的货币（即位居第二层的商行货币和位居第三层的新型货币替代品）。

第三节　第二层：活跃型商行货币 vs. 非活跃型商行货币

1. 活跃货币：流动性商行货币

位居货币体系第二层的支付手段是商行货币，它实际上是这一层唯一的货币类型。人们给这种银行部门的产物起了不少称谓：存款货币、活期存款、隔夜存款、支票存款，这些称谓都可以统一视为商行货币。

就像央行准备金一样，没有任何事物被预先存放在账户里，无论是黄金、白银还是纸币。尽管商行货币是央行货币的替代品，但它已经成为一种普遍的支付手段。商业银行资产负债表的簿记结果，就是这种货币类型的自身展现。与央行准备金相似，商行货币的发行也与信贷扩张有关，其被作为向非银行借款人提供的贷款本金。这种信贷同样可以采用商业银行购买证券的形式，或采用从非银行主体购买的任何其他事物，之后用商行货币支付，并在该银行的资产负债表上作为资产入账。

16 在此情况下，商行货币与央行货币一样通常被称为“信贷货币”或“债务货币”。虽然作为象征式的简化表达，这两种称谓也许可以存在，但实际上却存在误导。在“信贷—债务”合同中，债权人与债务人的关系是一回事，但货币却是另一回事。具体而言，货币是支付信贷或清偿债务的支付手段，而包括利息、偿还等条款在内的信贷合同只涉及各自的债权人和债务人，因此基本只对这两方有约束力。相比之下，商行货币从债务人转移到其他人手中开始，便会持续流通下去。所谓的“货币”和“信贷”事实上是一个虚假的身份，这种虚假身份严重阻碍了货币体系和银行业的现代化和稳定。

在欧元区，流动性商行货币占公共货币供应量M1的87%，而按实际价值计算（扣减“休眠中”的现金）则占M1的92%。如果以官方货币供给总量来衡量，商行货币可以占到M1的97%，当然这也包括商业银行的一般储蓄存款、定期存款以及长期存款。[9] 除了欧元区，其他货币区的数据也具有结构相似性。

一般而言，商业银行为实现自身目标，可以自由地创造或不创造特定数量的商行货币。当然，至少在短期内，这仍然存在着因危机爆发而增加的法律要求和实践限制；其中，最重要且最不受约束的变量之一，是商业银行持有的、以现金和央行准备金为形式的央行货币。商业银行通常只留存商行货币对应的一小部分央行货币，这也使得部分准备金（制度）成为商行货币的基础，它代表了商业银行在支付交易中的流动性。为了管理客户的商行货币，商业银行总是需要持有足够可用的央行货币。需要注意的是，这同样适用于现金，特别是当客户以现金形式提取部分银行存款时，商业银行需要确保金库中有足够的现金或为自动取款机补充现金。

对于可转账账户的余额，情况是类似的。商业银行必须确保其央行账户上总是有充足且可流动的准备金（即“超额准备金”）。如果商行货币从客户A转移到同一家银行的客户B，这并不重要。要做到这一点，该银行无需转移央行准备金，一个简单
的“记账互换”就足够了：商行货币从A的往来账户中扣除，同 17
时增加到B的往来账户。然而，如果银行X的客户A向Y银行的客户B进行非现金支付，则X银行将这笔资金以央行准备金

9　ECB, Statistical Data Warehouse, Monetary Statistics, Tab. 1.1, 1.4. Dt. Bundesbank, Monthly Reports, Tab. II.2.

的形式转入Y银行的央行账户，而X银行将同样数额的商行货币从A的往来账户中扣除，并由Y银行重新创造等额的商行货币，其便作为B所持有往来账户的账面记录。[10]

通过这种方式，央行准备金一直在商业银行之间流通，而客户只能收到商行货币。两层式（商业银行和中央银行）的货币与银行体系正以这种方式发展得越来越非现金化。商业银行为非银行主体提供商行货币（即公众使用的货币），而中央银行为商业银行提供准备金。因此，两层式结构涉及之前提出的“分离循环”，其包括商行货币在非银行主体之间的公众循环，其与央行准备金的银行间循环相连但又存在显著差异。

在引入中央银行的实时全额结算支付系统（RTGS）之前，银行间转账不是立即执行的，而是事先相互清算的。换言之，在特定时间内或在达到特定金额时，不论交易次数发生多少，央行准备金只结算一次。如今在RTGS系统中，央行准备金是立即转移的，或者立即清算并在一天结束时转移。如果一家商业银行的央行账户没有足够的准备金，该系统允许该银行日内透支。

让包括银行家在内的公众难以置信的是，尽管即时或当日结算结清了所有支付款项，商业银行只需要与一小部分商行货币对应的可用央行准备金。因此，“部分准备金银行”这一术语便出现了。在2008年金融危机之前，银行间货币市场（这实际上是一个央行准备金市场）仍然能够正常运转，这确保了商业银行能将用于支付所有到期款项的流动性央行准备金存量降至最低。根

10 有关当前商行货币制度如何运作的进一步解释，可参见 Ryan-Collins et al. (2012, pp. 28–88), Huber (2017a, pp. 97–97), McLeay et al. (2014), 和 Dt. Bundesbank (2017)。

据银行规模大小的差异，商业银行管理的央行准备金约为客户往来账户余额的2%至6%；商业银行规模越大，市场集中度越高，银行业所需的准备金就越少。

更确切地说，是什么使央行准备金这一“基础”最小化？有四种机制或条件使之成为可能：

首先，在银行部门内部，流出的央行准备金就是流入的央行
准备金。由于支付从任何地方到任何地方持续不断地发生，央行 18
准备金的流出与流入也随之保持基本平衡。

其次，单个客户的支付在时间点和金额上分布不均衡。并不是所有的客户都在同一时间支付，他们也不会一次性将账户中的全部资金余额转移，而通常只转移其中的一小部分。因此，在任何一个时间点，只需要相当小比重的、与商行货币对应的央行准备金即可。这种机制的影响目前已经变得更加显著，因为非现金支付更加普遍并更具有技术效率，而银行部门的市场集中度也更高，即商业银行数量越来越少，但规模越来越大，这些银行仅通过重新记账便能完成内部客户的支付结算。

再次，客户持有的商行货币与商业银行持有的央行准备金并没有完全分离。“客户的钱”和“银行的钱”不是相互独立存在的，无法相互分离。一家商业银行的所有对外支付交易都通过同一个央行账户进行。在既有的体系框架内，商业银行的支付手段（即现金和央行准备金）不能归属于其客户的存款账户余额。作为商业银行对客户的一项负债，商行货币在很大程度上没有受到（全额准备金的）保障。

最后，就不断增长的货币供应量而言，上述机制的实际效果越好，商业银行信贷扩张地就越多，因此商业银行资产负债表的

变动和商行货币的供给大致同步。在此情况下，即使货币、信贷和债务出现强劲增长，银行部门的赤字和盈余仍可保持在一定范围内，其通过以央行准备金为形式的银行间信用和作为最终手段、额外的央行信贷进行管理。

2. 非活跃货币：非流动性商行货币

商行货币的总存量大于活期存款，后者是商行货币中具备流动性的那部分。事实上，商行货币中有相当一部分是各种各样的储蓄存款和定期存款。在欧元区，商行货币的其他部分共计可达 20 万亿欧元，是总计 9.5 万亿欧元的流动性商行货币——活期存款的两倍多。[11] 这部分商行货币基本上处于非流通状态，在形式上要直到另行通知或期限届满（实际上期限很长）才可转入流
19 通。虽然储蓄存款和定期存款在货币总量中所占的比重有一定的周期性波动，但总体而言，其存量在趋势上仍能保持稳定。非活性的商行货币拥有另一术语——“类货币”（near money）；在某种程度上，这种存款在任何时候都可用，虽然它们没有得到充分的记录显示，但却是事实上的流动存款。

商行货币中具有流动性的部分只能由各自的银行客户（即非银行主体）使用，而商业银行为客户执行商行货币的转账，但不能（直接）利用客户的账户余额进行自营交易。与人们普遍接受的观点相反，商行货币的非活性部分既不能被客户使用，也不能被商业银行使用，特别是不能作为可贷资金供各银行使用。商业银行为非银行主体创造商行货币，它不会也不能将非银行主体的商行货币用于银行间业务。为了给银行间支付提供资金，商业银

11 ECB, Statistical Data Warehouse, Monetary aggregates.

行需要央行准备金。如果商业银行成功地从外部吸引了新客户和信贷余额，那么它们最多只能通过客户存款获得准备金，即从新客户原来所在的前一家银行获得额外的准备金。尽管如此，非活跃型商行货币还是有价值的：对于客户而言，这种商行货币可以作为储蓄和自有资本，或者作为资产缓冲；对于商业银行而言，非活跃型商行货币减少了它们对央行准备金的需求，这反过来又促进了额外的银行信贷扩张，从而创造了额外的商行货币。

第四节　第三层：新的货币替代品

到目前为止，货币体系一直被描述为一个两层体系，该体系分别由中央银行和银行业组成，或者分别由央行货币和商行货币组成。然而，自 1980 年左右以来，额外的支付手段开始出现，特别是货币市场基金（份额）、电子货币、补充性货币和最近的稳定币。这些货币替代品将两层体系转变为三层体系，因为新的“货币替代品”主要基于商行货币。新的货币替代品通过各种方式、以 1∶1 的比例基于商行货币或其他新型货币发行。在某种程度上，用于交换的货币不必作为新货币替代品的保障，但仍可用于投资 20
和其他交易，这意味着货币供应量的翻倍。

新支付手段的发行者包括金融科技公司、大型科技公司、IT 公司、互联网公司、支付服务和金融经纪商，它们不是传统的商业银行，即使它们可能像货币市场基金一样作为分离的单元从属于一家银行机构。不过，新支付手段的发行者实际上是一种与商业银行相似的新型货币金融机构，其不同于以往的非货币或非银行金融机构。例如，将新货币替代品的发行者纳入影子银行的范畴是不准确的，因为它们在某种程度上吸收存款并提供货币服务，而大多数影子银行是金融中介机构（包括放贷人、信贷和投资经纪商、机构投资者），其通常使用商行货币，而不是发行自己的支付手段。美国货币监理署（OCC）认为，除非法律另有规定，发行新型货币的机构均暂时被视为“特殊目的银行”（special-purpose bank）。[12]

关于所有货币替代品的关键问题之一，是发行人的法律地位以及其所发行货币单位的保障范围。相较而言，货币市场基金和电子货币已经在这方面受到监管，而稳定币仍存在监管不足甚至监管缺位。第三层货币的保障范围重现了第二层基于央行准备金的银行业务问题：这些货币的数量必须得到一级或同级资金的支持，这不仅是因为它们必须可兑换或可按需赎回，而且同样是出于有效的货币政策和货币体系可治理的原因。

其中，一个争议点在于保障率是否必须达到 100% 或者（可接受的）较低数字，以及第三层货币的保障是否必须采取商行货币或央行货币，或类货币、现金等价物，甚至是长期债券和其他资本资产持有的形式。

一般而言，某一货币的保障面越大、流动性越强，对货币政策传导的冲击就越强，相应替代品的货币安全性就越高，但发行相应货币替代品所能获得的收益也越小。换言之，保障范围越小、流动性越差，货币控制就越弱，相应货币替代品的安全性就越低，但发行货币替代品的潜在收益就越大。

12 Gorton and Zhang (2021, pp. 18–19).

1. 货币市场基金 *21*

货币市场基金是一种投资信托基金，它将投资者的商行货币投入短期国库券和其他高评级证券，投资银行家和非货币金融机构将货币市场基金的份额作为一种类似存款的替代性支付手段。[13] 货币市场基金于 20 世纪 70 年代出现在美国，因为在当时高通胀的情况下，官方对存款利率的上限很低，而货币市场基金的不受该上限限制，因此能够向投资者支付更高的利息。在欧洲，货币市场基金直到 20 世纪 90 年代才开始流行。

货币市场基金的总存量相当可观。在美国，2008 年金融危机发生时，这一数字高达 3.8 万亿美元，是 M1 的 1.2 倍，因而超过了现金和流动性商行货币的总和。[14] 此后，货币市场基金的规模在达到峰值（4.5 万亿美元）后有所下降。[15] 在欧盟，2008 年货币市场基金的总存量是 M1 的三分之一，目前约为 1 万亿欧元。[16] 不过，官方统计数据并未显示有多少货币市场基金份额经常或偶尔被用作支付手段，但即使只有一半或更少，这仍将是一个具有系统重要性的货币数量。

13　关于货币市场基金的更多研究，可参见 Baba et al. (2009), Hilton (2004), 和 Mai (2015)。

14　FRED Economic Data Time Series: MMF total, retail MMF, M1, demand deposits. 在美国，现金在 M1 中所占的比重非常高，而活期存款所占的比重相应低于其他国家或地区，因为美国的大部分现金在海外流通，并储存在世界各地的保险箱中。

15　FRED Economic Data Time Series: MMF total, retail MMF, M1, demand deposits, total checkable deposits. 从那时起，商行货币和 M1 的扩张幅度更大，因此货币市场基金目前仅占 M1 的四分之一。这是量化宽松的扩张性货币政策造成的，因此有违常规的原理阐释。

16　www.consilium.europa.eu/en/infographics/money-market-funds, as of September 28, 2022. Baba et al. (2009), Hilton (2004), and Mai (2015).

这种基金的管理方式是，它们的投资品价值不低于投资资金的 99.5%，这使得一个基金单位基本上等同于一个货币单位。不过，在危机中，这并不总是奏效。与商行货币不同，虽然货币市场基金几乎得到了全额保障，但用于保障的基金和证券价值会发生波动，甚至可能在危机中崩溃。在 2008 年和 2020 年，货币市场基金的挤兑均有发生，例如在雷曼兄弟破产后，一家名为
22 “Reserve Primary Fund”的基金公司就倒闭了。美联储和美国财政部的观点是，在发生危机的情况下，应该像支持商业银行一样支持货币市场基金。[17] 这将在更广泛的基础上，将位居第二层的商行货币的不稳定性问题复制于第三层的新型货币替代品。

货币市场基金不是作为货币设计的，而是作为证券设计的。然而，由于货币市场基金的份额具有类似存款的易转让性，这些份额也可以被作为货币使用。尽管如此，它仍然是一种产生投资回报的证券。从这个意义上说，货币市场基金的份额是一种计息的支付手段，而电子货币、稳定币、其他加密货币和补充货币则有所不同。

货币市场基金的份额也被称为“影子货币”(shadow money)。[18] 一些作者认为，不仅货币市场基金的份额是影子货币，资产支持证券和隔夜回购也是影子货币。[19] 但是，这些金融工具不用作支付手段，而是用作质押或抵押品，有助于通过在最终到期之前调动资本提供流动性，从而加速货币流通，而不是创造额外的货币。

17 Gorton and Zhang (2021, pp. 22–25).

18 参见 Murau (2017)。

19 McMillan (2014, pp. 65–80).

2. 电子货币

电子货币兴起于 20 世纪 90 年代，并在 2000 年左右受到法律监管。它部分由商业银行发行、部分由持牌电子货币机构发行，并被其他行为人接受为支付手段。电子货币单位的第一类载体，是具有充值电子货币单位这一附加功能的银行借记卡；之后，预付费信用卡余额、电子货币移动应用程序等载体相继出现。除了商业银行，电子货币机构目前主要是支付服务提供商（PSP）和互联网公司，如贝宝（PayPal）或亚马逊支付（Amazon Payments）。自 2000 年以来，欧盟电子货币交易金额的年增长率呈指数级分布，到 2021 年已超过 6 万亿欧元。[20]

就非银行电子货币机构而言，电子货币必须以 1:1 的比例 23
与商行货币对应发行，相关商行货币之后由第三方的托管账户持有。[21] 对于被托管的商行货币，一小部分可以选择投资类货币或现金等价物，也可以选择以发行电子货币的金额投保。商业银行在发行电子货币时，以 1:1 的比例创建相应的客户“存款池”（deposit pool），例如预付卡。由于电子货币监管要求 100% 保障——特别是以商行货币的形式，通过电子货币扩大货币总供应量仍然是有限的。

在发展中国家，拥有银行账户的人口比例在 15% 到 70% 之间。大多数账户持有人生活在东亚，非洲最少。在发展中国家，

20　Statista.com/statistics/443399/electronic-money-payment-in-european-union, as of October 3, 2022. “电子货币”和“电子支付方式”的定义因货币区而异，或者根本不存在定义。由于它部分只涉及非银行支付服务，部分也涉及银行中介支付，因此迄今为止很难进行有意义的国际比较。参见 Ehrentraud et al. (2021)。

21　感谢西蒙·赫斯（Simon Hess）提供的有关情况。

平均只有不到一半的家庭拥有银行账户。[22] 不过，这些国家的大多数人都有现金，现在还有手机，这使得电子货币能够在这些国家得以普及。

具有开创意义的实例是于 2007 年在肯尼亚成立的“M-Pesa”，之后还扩散至其他国家流通。M-Pesa 在当地语言中意为“移动现金”，事实上，这种移动电子货币单元主要基于现金转换而产生。数以万计的 M-Pesa 代理商——大多是小型零售商，将客户支付的现金转换成手机运营商的“会计单位”(accounting unit)。这些被支付的货币由相关电信公司通过商行账户持有（因此是商行货币），因此会计单位也被称为相应货币金额的“通信时间单位”(airtime unit)。可用的通信时间余额，可以通过一个特殊的电子钱包应用程序实时直接地从付款人转移到收款人（P2P）。这项服务并不便宜，但至少比同类银行服务价格低廉。[23] 在此情况下，M-Pesa 的流通也得以牢固地建立起来；现金可以继续兑换 M-Pesa，但实践中 M-Pesa 再兑换为现金的次数越来越少。

电子货币在津巴布韦、乌干达、肯尼亚、赞比亚和卢旺达以及柬埔寨十分普及。[24] 一些拉丁美洲和非洲国家提供一种类似的
24 电子货币“Tigo Cash”，不过，这种电子货币转移的是货币单位
而非通信时间。[25] 作为跨越式创新的实例，发展中国家和新兴工业化国家的电子货币促进了金融普惠，因此这些国家对快速引入

22 Oliveros and Pacheco (2016).

23 Groppa and Curi (2019, pp. 5–6, 16).

24 Garrido and Nolte (2021).

25 tigomoney.com/py/home-py, as of May 11, 2022. https://ayuda.tigo.com.py/hc/es/articles/360047861053-Funcionalidades-de-la-billetera-Tigo-Money, as of May 11, 2022.

供所有人使用的零售型央行数字货币也特别感兴趣。

3. **稳定币**

稳定币是一种特殊的加密货币类型，其既可以通过交换商行货币发行，也可以通过交换其他数字代币（主要是比特币）发行。稳定币是通过“首次代币发行”（ICO）的方式发行的，其遵循“首次公开发行股票”（IPO）的类似机制表达。1 个稳定币单位以价值 1 美元的商行货币或比特币被出售，并由发行方以 1∶1 等价进行管理（只有很小的偏差）。与货币市场基金相同，这种方式并不能总是得到保障。

美元汇率是可变的，但稳定币与美元的挂钩却是不变的。稳定币不承诺具有恒定的价值（即购买力），其所承诺的是与其锚定国家货币的稳定挂钩，从而与比特币、以太币等无保障型加密货币的价格波动形成鲜明对比。

在欧盟，以欧元计价的稳定币被认为是受电子货币条例约束的“电子货币代币”（E-money token）。然而，与大多数加密货币一样，大多数稳定币以美元计价，只有少数以欧元、英镑和日元计价；在美国，加密代币尚未受到专门监管。在此情况下，稳定币事实上只通过发行者的“自我义务”（self-obligation）来赎回。[26]

因此，稳定币部分类似于电子货币，部分类似于货币市场基金份额。[27] 不过，从技术上讲，它们有数字代币的特征，即支付是通过将代币直接从一个电子钱包转移到另一个电子钱包，在计算机网络的分布式账本中验证，并在区块链中记录交易来完

26　Gorton and Zhang (2021, pp. 10–24).

27　参见 Hess (2019) 和 Gorton and Zhang (2021, pp. 10–24)。

成的。

目前，市值最高的稳定币包括泰达币（Tether）、USD Coin
25 和 Binance USD。2022 年 5 月，稳定币的总市值达到了 1800 亿美元，[28] 这与同期 2.4 万亿美元的加密货币总市值相比，似乎仍然很低，[29] 但稳定币在 2020 年和 2021 年的飞速发展十分惊人。此外，决定市场的不再是 IT 鬼才，而是大型机构投资者和其他专业交易机构，这些主体的投资占了交易总量的 95%。[30] 越来越多的大公司宣布它们打算使用加密货币，特别是稳定币。[31] 与此同时，加密货币用户基础的扩大，也反映在以下事实中：据报道，到 2021 年，22% 的成年美国人拥有加密货币，51% 的人在某个时间点交易过加密货币。[32]

到目前为止，稳定币在很大程度上被用于加密货币交易的资金转移，因为当未受支持、波动大的加密货币的价格有可能暴跌时，稳定币成为了交易者寻求的“避风港”。然而，越来越多的其他金融和商业交易类型同样依赖稳定币。在大多数比特币交易中，使用名为“泰达币”的稳定币和使用以美元计价的商行货币的数量势均力敌，[33] 但稳定币与无支持型加密货币进行交易是一种有风险的业务联系，稳定币尚未摆脱这种联系。

Libra 由脸书公司于 2020 年发起，其计划成为一种由商行货

---

28 Coinmarketcap.com/en/view/stablecoin, as of June 6, 2022.

29 Coinmarketcap.com/en/charts, as of June 6, 2022. coingecko.com/en, as of June 6, 2022.

30 Chainanalysis, repr. The Economist (August 7, 2021, p. 53, February 5, 2022, p. 36).

31 Birch (2022).

32 Howarth (2022).

33 The Economist (October 12, 2019, p. 68).

币和现金等价物 1 : 1 支持、代表一篮子国际货币的稳定币。据称，在 Libra 的货币篮子中，一半将以美元计价，而其余将由欧元、英镑、日元、新加坡元和瑞士法郎计价。一个由大量活跃于全球各地的金融和商业公司组成的企业联合体将执行该计划，因而可能会触及数亿客户。[34]

26 这种基于超国家一篮子货币的稳定币，将很快变得具有系统相关性，甚至可能优于单个国家的货币，正是因为它具有涉及全球客户的超国家性质。在此情况下，Libra 的概念构想在全球范围内遭到了强烈的政治反对。争论的焦点不是 Libra 成为一种稳定币，而是它成为一个基于超国家的货币篮子。

强烈的政治反对，促使脸书公司在 2020 年以“Diem”的名义重新启动该项目。修改后的这一概念，仅指完全以用美元计价的货币和现金等价物来支持 Diem。[35]Diem 的总部从瑞士搬到美国，这得到了美国政界和当局的青睐。然而，与此同时，前述企业联合体的成员却成群结队地退出了，部分成员显然已经认识到稳定币和商行货币之间的利益冲突。另外，预期严格的保障监管要求，也使得该项目对某些人来说不再有利可图。在 2022 年初，该项目被放弃，[36] 脸书公司（现已更名为“Meta”）正在开发一种新的加密货币。无论这个故事的结果如何，稳定币的发展才刚刚开始。

私人加密货币的“货币性”（moneyness）尚未解决。问题在

34　Libra Whitepaper (2019).

35　Diem Association (2020), Dalton (2020), and De (2020).

36　cnbctv18.com/cryptocurrency/adieu-diem-how-metas-short-lived-stablecoin-dream-ended-12351742.htm, as of February 4, 2022.

于，包括稳定币在内的加密货币是被归类为货币还是一种新型证券。[37] 对于货币市场基金（份额）而言，这一点同样也不明确。它们是一种被广泛而经常地用作支付手段的证券，也就是货币。在欧元区，货币市场基金和电子货币受到特定的监管，而稳定币被视为电子货币。在此情况下，稳定币发行人需要申请电子货币牌照，并且需要以其他货币和现金等价物形式保持接近 100% 的保障率。在美国，稳定币被视为一种证券，但具体情况在一定程度上与欧洲相似。虽然美国的电子货币机构需要获得“货币转移商”（Money Transmitter）牌照，但这并不意味着需要承诺以任何形式实现 100% 的保障。一些稳定币发行者在监管缺位的情况下承诺提供高保障率，而其他的稳定币（例如泰达币）发行者因承
27 诺保持与美元实现 1∶1 的“挂钩”而受到金融监管。这反过来又涉及其他货币类型和现金等价物的高度可靠支持。[38]

就泰达币而言，这一承诺在 2021 年没有兑现。在审计当天，泰达币的流动性保障范围仅占已发行数字代币的 5%，其主要由美元商行货币和美国国债组成。这些美元只在早上存入银行，其中一部分很快就被转移到其他地方，而几亿美元的下落仍未公开。此外，泰达币的储备很大一部分是风险较高的商业票据和公司债券，另一部分是比特币。即使只出现了很小的价值损失，泰达币发行人也无法赎回它的代币。泰达币发行人的保障不足被监管者认定为构成欺诈，因而被处以 1850 万美元的罚款，随后又因提供不正确的资金保障信息而被处以 4100 万美元的罚款。[39]

37 Gorton and Zhang (2021, pp. 6–17).

38 Clifford Chance & R3 (2019).

39 Dilmegani (2021). The Economist (February 27, 2021, p. 11, 58).

即使货币市场基金（份额）和稳定币被视为新型证券，也不能否认它们是新型货币，因为它们作为一种支付手段实现了广泛的流通。更重要的是，它们代表了几乎 100% 由其他货币和以官方本币计价的现金等价物支持的货币替代品。相比之下，尽管许多公司宣称接受比特币作为一种支付方式，但比特币仍然主要作为一种投机性金融投资被交易，因而更适合被定性为投资品。换言之，比特币不应被认为是一种常规的支付手段，甚至不是一种可合理预测的证券，因为它没有货币或类货币资产的支持，也没有与一国货币挂钩。这一点结论，基本上适用于所有无保障型和无担保型加密货币。

4. 补充性货币

补充性货币遍及全球许多地域，其在严重的经济危机背景下作为“应急货币”（emergency money），或作为社会实验的一种乐趣，或作为社区振兴的社会工作方式以及市政发展的手段。[40] 补充性货币通常由社区或市政当局以非营利性的形式发行，以成为 28
地方货币或以简易纸质凭证形式发行的特殊用途货币。如果补充性货币基于商行货币以 1∶1 的比例发行，它们便可代表第三层替代品。补充性货币是不受管制的，因此发行人可以自由地按照自己的意愿进行保障。在大多数情况下，这种保障会被存入当地的储蓄银行或合作银行。

许多补充性货币的发起者支持 S. 格塞尔（S. Gesell）在 1916 年提出的“紧缩货币”（shrinking money）这一概念，即目前常

40　关于补充性货币的总体介绍，可参见 Greco (2001), Belgin and Lietaer (2011), Hallsmith and Lietaer (2011), Kennedy et al. (2012), 和 Lietaer et al. (2012)。

被提及的“逾期费”(demurrage)。[41] 紧缩货币涉及通过实施“紧缩率”(shrinkage rate)来定期管理资金损失，这类似于欧洲央行、瑞典央行和其他许多中央银行或商业银行在21世纪前十年的零利率环境中实施的负利率。这种措施的目的是刺激支出的增长，从而促进经济活动。与格塞尔主张的消费不足周期理论相对应，实践中，欧元区负利率带来了与预期不同的效果，比如规避行为、不稳定的支出行为以及补偿性地增加储蓄而非支出。这一概念显然源自对民众行为不切实际的假设，部分还源自对凯恩斯(Keynes)提出的“流动性偏好”(liquidity preference)这一概念的夸大。

5. 基础层挑战者：无保障/无担保型加密货币与补充性货币

无保障/无担保型加密货币以及无支持型加密货币代表了另一类货币，这类货币不是迄今为止货币分类意义上的第四层，而是一种“私人基础货币”(private base money)。它们不依赖其他货币，就好像它们本身就是法定货币一样。因此，严格来说，这类加密货币和补充性货币是基础层的挑战者，是中央银行和财政部所发行主权基础货币的私人竞争对手。

在1930年左右的危机年代，补充性货币进一步恶化了危机，因而各国中央银行和政府禁止补充性货币的存在。如今，情况却有所不同。无论是有支持还是无支持的补充性货币，这类货币仍然局限于其所在的地域，而没有得到更广泛的流通。从体量和范
29 围来看，流通中的补充性货币数量太小，其不足以被中央银行和政府视为一种挑战。在1998年至2002年的阿根廷危机以及其他

41 Gesell (1958 [1916]).

拉美国家的短期危机中，无支持的补充性货币因可以缓解地方层面的经济僵局而受到欢迎。

至于无支持型加密货币，现在最经典、最重要的例子便是比特币。“挖矿”算法产生了比特币的供给，该算法被内置于比特币交易的验证过程中，以奖励“矿工”(miner)。随着时间的推移，比特币挖矿的数量接近于算法中内置的最大值，其类似于盈利性开采黄金所涉地质边界上的“黄金标准”。比特币的人为稀缺性被认为是一种增强价值的锚，以对抗所有其他自由创造的货币。自2008年比特币问世以来，其价格水平的整体上涨似乎证实了这一预期，而伴随比特币发展而来的极端价格波动则反驳了这一预期。

在比特币诞生之后的许多加密货币，大多都取消了数量限制。根据市场需求，发行人通过ICO发行尽可能多的货币，但无论数量是否有限，它们都没有货币或金融储备来保障各自的加密货币。这些加密货币当然可以在“Coinbase”或“Binance”等特定交易平台上兑换成商行货币或其他加密货币，但前提是这些平台的运营商必须撮合此类交易。比特币在设计上是不可赎回的，其他无支持型加密货币的发行人通常也不会被要求在用户有需求时收回加密货币。当然，这取决于各个ICO的特定条款和条件。

尽管无担保型加密货币与官方国家货币展开了基础层的竞争，但迄今为止，各国中央银行和政府对将加密货币视为官方货币的威胁表示了相当的犹豫和怀疑。直到2021年，人们显然认为大量的小型加密货币不会比补充性货币更受重视，尽管在2022年初有超过8000种加密货币，其总市值达到2.3万亿美元，其中仅比特币就占了 1 万亿美元。[42] 尽管这是短期牛市的高峰点，但这种幅度不能再被视为微不足道。目前大多数加密货币注定会在即将到来的集中化过程中消失，以便为少数剩余的加密货币让路，后者将在此过程中发展出更高的规模。

30 参考文献：

1. Adrian, Tobias, and Tommaso Mancini-Griffoli. 2019a. The Rise of Digital Money, IMF Fintech Note 19/01.
2. Adrian, Tobias, and Tomaso Mancini-Griffoli. 2019b. Digital Currencies: The Rise of Stablecoins. IMF Blog, September 19.
3. Baba, Naohiko, Robert N. McCauley, and Srichander Ramaswamy. 2009. US Dollar Money Market Funds and Non-US Banks. BIS Quarterly Review (March): 65–81.
4. Bech, Morten, and Rodney Garratt. 2017. Central Bank Cryprocurrencies, Basel Bank for International Settlements. BIS Quarterly Review (September): 55–70.
5. Belgin, Stephen, and Bernard A. Lietaer. 2011. New Money for a New World. Coulder, CO: Qiterra Press.
6. Benson, Carol C., Scott Loftesness, and Russ Jones. 2017. Payments Systems in the U.S. A Guide for the Payments Professional. San Francisco, CA: Glenbrook.
7. Birch, Kate. 2022. How Large Enterprises Are Driving Digital Currency Adoption. Business Chief, January 6.
8. Clifford Chance & R3. 2019. A Global Overview of Regulatory Requirements in Asia Pacific, Europe, the UAE and the US, September.
9. Dalton, Mike. 2020. What Is Diem? Introduction to the Facebook-Backed Stablecoin. Crypto.com, December 17.
10. De, Nikhilesh. 2020. Libra Rebrands to "Diem" in Anticipation of 2021 Launch. Coindesk, December 1.

---

42 coingecko.com, as of December 9, 2021. coinmarketcap.com/all/views/all, as of December 9, 2021.

11. Diem Association. 2020. White Paper. https://wp.diem.com/en-US/wp-content/uploads/sites/23/2020/04/Libra_WhitePaperV2_April2020.pdf, as of October 28. Also cf. https://www.diem.com/en-us, as of October 28.
12. Dilmegani, Cem. 2021. Tether USDT Is Probably a Scam But It Can Remain Valuable. AI Multiple, November 6.
13. Dt. Bank. 2020. The Future of Payments. Corporate Bank Research, January.
Part I—Cash: the Dinosaur Will Survive ... For Now.
Part II—Moving to Digital Wallets and the Extinction of Plastic Cards.
Part III—Digital Currencies: the Ultimate Hard Power Tool.
14. Dt. Bundesbank. 2017. The Role of Banks, Non-Banks and the Central Bank in the Money Creation Process. Monthly Report (April): 13–33.
15. Dt. Bundesbank. 2022. Payment Behaviour in Germany 2021. Frankfurt: Bundesbank.
16. ECB. 2020. Study on the Payment Attitudes of Consumers in the Euro Area (SPACE). Frankfurt, December.
17. Ehrentraud, Johannes, Jermy Prenio, Codruta Boar, Mathilde Janfils, and Aidan Lawson. 2021. Fintech and Payments: Regulating Digital Payment Services and E-money. Bank for International Settlements, Financial Stability Institute, Insights on Policy Implementation, No. 33, July.
18. Esselink, Henk, and Lola Hernández. 2017. The Use of Cash by Households 31
in the Euro Area. European Central Bank Occasional Paper Series, No. 201, Frankfurt, November.
19. Garrido, José, and Jan Nolte. 2021. Making Electronic Money Safer in the Digital Age. IMF Blog, December 14.
20. Gesell, Silvio. 1958 [1916]. The Natural Economic Order. London: Peter Owen.
21. Gorton, Gary B., and Jeffery Y. Zhang. 2021. Taming Wildcat Stablecoins. SSRN Working Paper, September 30. Available at https://doi.org/10.2139/ssrn.3888752.
22. Greco, Thomas H., Jr. 2001. Understanding and Creating Alternatives to Legal Tender. White River Junction, VT: Chelsea Green Publishing Company.
23. Groppa, Octavio, and Fernando Curi. 2019. Mobile Money Regulation: Kenya, Ecuador and Brazil Compared. Working Paper. Universidad Católica Argentina, Buenos Aires.
24. Hallsmith, Gwendolyn, and Bernard A. Lietaer. 2011. Creating Wealth:

Growing Local Economies with Local Currencies. Gabriola Island, BC: New Society Publishers.

25. Hess, Simon. 2019. 100% E-Money and Its Implications for Central Bank Digital Currency. SSRN Working Paper. June 26. Available at https://doi.org/10.2139/ssrn.3410242.
26. Hilton, Adrian. 2004. Sterling Money Market Funds, Bank of England. Quarterly Bulletin (Summer): 176–182.
27. Howarth, Josh. 2022. How Many People Own Bitcoin? 95 Blockchain Statistics. Exploding Topics, January 10.
28. Huber, Joseph. 2017a. Sovereign Money. Beyond Reser ve Banking. London: Palgrave Macmillan.
29. Huber, Joseph. 2017b. Split-Circuit Reserve Banking—Functioning, Dysfunctions and Future Perspectives. Real-World Economics Review, No. 80, 63–84, June.
30. Kennedy, Margit, Bernard A. Lietaer, and John Rogers. 2012. People Money: The Promise of Regional Currencies. Bridport, UK: Triarchy Press.
31. Keohane, David. 2017. Goldman Calls Peak Cash. Financial Times Alphaville, March 24. ftalphaville.ft.com/2017/03/24/2186391/snap-av-goldman-calls-peak-cash, as of April 29, 2018.
32. Knapp, Georg Friedrich. 1924 [1905]. The State Theory of Money. London: Macmillan.
33. Lalouette, Laure, and Henk Esselink. 2018. Trends and Developments in the Use of Euro Cash Over the Past Ten Years, ECB Economic Bulletin (6).
34. Libra Whitepaper. 2019. https://de.slideshare.net/HermannDjoumessi/libra-whitepaper-english.

32 35. Lietaer, Bernard A., Christian Arnsperger, Sally Goerner, and Stefan Brunnhuber. 2012. Money and Sustainability. The Missing Link. Axminster, UK: Triarchy Press.

36. Mai, Heike. 2015. Money Market Funds, an Economic Perspective. In EU Monitor Global Financial Markets, ed. DB Research. February 26.
37. McLeay, Michael, Amar Radia, and Ryland Thomas. 2014. Money Creation in the Modern Economy. Bank of England Quarterly Bulletin 2014 (Q1): 14–27.
38. McMillan, Jonathan. 2014. The End of Banking. Money, Credit, and the Digital Revolution. Zurich: Zero/One Economics.
39. Murau, Steffen. 2017. Shadow Money and the Public Money Supply: The

Impact of the 2007–2009 Financial Crisis on the Monetary System. Review of International Political Economy 24 (5, September): 802–838.
40. Niepelt, Dirk. 2015. Reserves for Everyone—Towards a New Monetary Regime? VOX CEPR's Policy Portal, January 21.
41. Niepelt, Dirk, ed. 2021. Central Bank Digital Currency. Considerations, Project, Outlook, London: CEPR Press.
42. Niepelt, Dirk. 2021. "Reserves for All": Political Rather Than Macroeconomic Risks. In Niepelt, ed., 39–44.
43. Oliveros, Rosa M., and Lucia Pacheco. 2016. Protection of Customers' Funds in Electronic Money: A Myriad of Regulatory Approaches, BBVA Research. Financial Inclusion Watch, October 28.
44. Rogoff, Kenneth S. 1998. Blessing or Curse? Foreign and Underground Demand for Euro Notes. Economic Policy 13 (26, April): 261–303.
45. Rogoff, Kenneth S. 2014. Costs and Benefits to Phasing Out Paper Currency. NBER Working Papers, May.
46. Rogoff, Kenneth S. 2016. The curse of cash. Princeton University Press.
47. Ryan-Collins, Josh, Tony Greenham, Richard Werner, and Andrew Jackson. 2012. Where Does Money Come From? A Guide to the UK Monetary and Banking System, 2nd ed. London: New Economics Foundation.

33 第三章

主导货币：商行货币机制

第一节　主导通货 vs. 主导货币

“主导通货理论”（Dominant Currency Paradigm）是关于一国通货在国际上占据主导地位的理论，该理论涉及美元在当今各国国家货币所组成的国际结构中的主导地位。[1] 相比之下，“主导货币理论”（theory of dominant money）研究的则是支付手段的兴起和衰落。

“通货”（currency）和“货币”（money）的术语使用存在部分重叠，其中通货和“现金”（cash）经常可以互换使用。事实上，“通货”是指一个国家的货币计价单位，而“货币”是指以某种通货计价的支付手段。这使得在实践中，偶然的用词重叠无法完全避免。

在戈皮纳思（Gopinath）等人的文献中，主导通货理论主张进出口价格以主导通货确定，而且无论双边汇率如何变化，该价格都趋向于不变。[2] 就该角度而言，主导通货理论是关于以主导通货进行国际定价的理论；[3] 换言之，主导通货是国际价格报价和

1　参见 Gopinath et al. (2016), Gopinath and Stein (2018), 和 Eichengreen (2011, pp. 39–68), 以及在此之前 Hudson (2003 [1972], 2012, pp. 367–383)。

2　Gopinath Casas et al. (2016). Gopinath and Stein (2018).

3　Carney (2019).

交易开单所使用的通货（其中 85% 以美元计价，尽管美国只占国际贸易的 15%）。与此相同的是，大多数国际金融合同都是以主导通货签订的。目前，非银行主体的国际债务有三分之二以美元计价（同时五分之一以欧元计价）。[4] 进一步看，美联储和美国银行部门控制着以美元为基础的国际支付渠道。 34

“主导通货”还可以作为首选的储备货币。目前，美元占国际货币储备的 64%，而同期欧元占 20%、日元和英镑各占 4%。虽然人民币目前（2020 年）仅占国际货币储备的 2%，不过到 2030 年，它的占比有望达到 10%。[5] 个别国家可能将本国货币与主导通货挂钩，因为这有助于本国避免外汇风险，但这些国家暂时丧失了货币主权，因而从小货币或弱货币的立场来看，货币主权无论如何都是相对的。

“主导货币”不能用简单的类比进行定义。例如，经常被提及的货币价值储藏功能似乎与主导通货的储备功能类似。然而，货币的价值储藏功能如今已经大打折扣，其不足以在短期内为支出提供足够的流动性。实际上，长期持有流动性货币就是在囤积货币。尽管中世纪和近现代的囤积问题几乎不存在、现代法定货币可以被自由创造，但这仍然可能会造成问题。凯恩斯后续关于囤积的理论——流动性偏好，不直接与普遍的资金短缺相关，而是系关行为者消费、借贷和投资的意愿波动。当今的价值储藏资产，已通常采取短期和长期投资的资本形式。

4　根据国际清算银行的数据，2008 年，以美元计价的国际债务占比为 50%。参见 Eichengreen (2011, p. 2, 68, 123)。

5　IMF Data, Currency Composition of Official Foreign Exchange Reserves, http://data.imf.org.Amadeo(2022), Cheng (2020).（此处为原版作者根据最新数据于 2023 年 11 月修改后的内容。——译者注）

在一个货币区占主导地位的货币，是在一定历史时期内具有“系统决定性”的货币，因为它决定了货币体系和货币政策的运作方式，并且在创造货币和调整货币存量方面发挥了引领作用。由于货币需要数量杠杆来发挥主导作用，主导地位的货币类型通常占据了当时可用货币类型和形式中最大的单一货币存量。在此情况下，商行货币目前占据了主导地位。

35 第二节　作为主导货币的商行货币：货币控制的实质性丧失

1. 居主导地位的商行货币 vs. 居次要储备地位的央行货币

根据统计汇总，不同货币区的商行货币占公共货币供应量的 85% 至 98% 不等。不过，如果在两层式的货币与银行体系之外，加入新的第三层货币替代品，商行货币的总体比重会有所下降。尽管如此，中央银行支持的商行货币在系统上仍占主导地位。此外，货币市场基金和电子货币将商行货币作为潜在的第二层储备，而稳定币在一定程度上也是如此。

从经验上看，货币主导地位也体现于交易数和交易量的最大支付比重。从这个角度看，主导地位更加具有多面性，但结论大体还是一样的。例如，许多日常家庭交易可能仍然通过小额现金进行，而更大的交易以及公司、公共家庭的几乎所有支付在长期以来均采用非现金形式，因此大部分交易都是通过商行货币进行的。对于金融交易，自 20 世纪八九十年代以来，虽然货币市场基金的重要性显著增加，但它们在支付实体经济商品和服务方面的作用仍然很小。

考虑到货币体系的分层结构，人们可能会认为央行货币比商行货币更重要、更有决定性。基础货币、法偿货币、高能货币等代表央行货币而非商行货币的术语表明，央行货币的地位高于商行货币。这在某些方面仍然是正确的，但同时它也变得更具有误导性。具体而言，由于央行准备金是最重要、最安全的货币，其作为强势国家货币向“天然不安全”的商行货币提供风险对冲，甚至免于在危机中崩溃。这种观点反映了商行货币的不稳定性和危机倾向，但仍然具有误导性，因为它模糊了当下商行货币的实际主导地位。

在目前“分离循环”的准备金银行机制框架下，银行信贷扩张意味着商行货币的创造，其属于货币创造的最初方式，同样也是迄今为止最主要的方式。换言之，整个货币体系及其动态变化
是由商业银行主导的，因此，货币创造的主动权在商业银行，而 36
不是人们通常认为的中央银行。必须从字面上理解的是，中央银行对商业银行进行的再融资，是在商业银行创造货币这一事实发生之时或之后，中央银行不会通过设置准备金头寸来预先为银行业体系提供融资。因此，与传统理论中的因果关系相反，中央银行事实上在适应性地调节商业银行对央行货币（央行准备金和现金）的需求，这一观点由后凯恩斯主义中的“适应主义者”（accommodationist）一派引入了货币经济学。[6] 由于中央银行随时

6　Moore (1988a, pp. 162–163, 1988b). 后凯恩斯主义的横向或适应主义方法被修正为“结构主义”方法。参见 Palley (2013)。这一立场与纵向主义观点相反，后者认为央行信贷是第一位的。另参见 Bindseil and König (2013)，Rochon (1999a, pp. 155–201, 1999b)。Keen (2011, p. 309) 和 Kydland/Prescott (1990) 已经表明，货币创造的主动权在商业银行，而不是中央银行，因此乘数模型是一种“幻想”。

根据商业银行的需求对银行部门进行再融资，中央银行已经单方面成为“银行的银行”，因此较少履行行使货币主权这一方面的职能，而是作为银行部门的辅助机构。

2. 现金和央行准备金的减少

通过在初级信贷扩张和商行货币创造方面的积极促导，银行业决定了所有的官方货币供给，具体包括央行准备金和现金。商行货币并不是央行货币某种倍增的结果；恰恰相反，央行货币存量是一个“后续”数量，是商行货币存量的一个子集。因此，控制商行货币创造的既不是央行准备金，也不是最高准备金或最低准备金，中央银行的角色在于对商业银行先前的信贷扩张和商行货币创造作出反应。这不仅在一切照常的情况下成立，在不确定性和危机加剧的情况下更是如此。几十年来，通过预先设定的准备金头寸来控制货币供给的方法已经失败了，这甚至比通过中央银行利率（也称为银行利率或再贴现率，其不同于美国的联邦基
37 金利率，后者是中央银行对银行间隔夜准备金贷款的政策目标利率）来控制货币供给失败得更明显。[7]

只要银行部门所需现金和央行准备金的数量足够多，传统的货币数量政策和利率政策方法就会更有利，这是因为，传统货币政策工具的传导杠杆取决于央行货币与商行货币的比率。需要依据中央银行利率支付的央行货币越多，货币政策推动的传导就越有效。因此，只要商业银行所需的现金 / 央行准备金数量足够多，人们就可以假设，央行货币的基本利率可以有效地“影响”而非完全地“决定”商业银行的信贷扩张和商行货币创

7 Bindseil (2004).

造。[8] 当然，数量杠杆也可以反向发挥作用。现金和运营所需央行准备金下降得越多，传统货币政策就变得越弱。

如今，在公共货币供应量——M1（由现金和流动商行货币即支票存款组成）中，现金所占的比例已降至 2% 至 15%，具体数字取决于各国的实际情况。实践中现金的减少比统计数字所展现得更为明显，因为大部分现金没有得到活跃使用。[9]

流通中现金比重的下降与商业银行的库存现金、用于创造商行货币并维持其流通所必需的央行准备金的减少是类似的。在 2008 年危机之前，欧元区的银行部门仅依靠占商行货币存量的 2.5% 至 3% 的央行货币来维持运作。这一准备金基础包括 1.4% 的库存现金、1% 基本上闲置的最低准备金要求，以及 0.1% 至 0.6% 的超额准备金（即视商业银行规模而定、用于活跃银行间支付的准备金）。[10] 在美国，一百年前的超额准备金是商行货币存 38
量的 10%—15%；[11] 截至 2008 年，这一比例降至 0.1%（针对大银行）和 2%—3%（针对小银行）之间。随着各国中央银行开始实施量化宽松政策，从实际操作的必要性来看，央行准备金持有的统计数据不再具有意义。

除了流动性央行准备金（即超额准备金），大多数国家的商

8　相关研究可参见 F. Lutz (1936, p. 92)。像他的自由主义同行一样，这位作者认为中央银行对商行货币创造的控制是不可或缺的，但实现这一目标的选择工具不是 100% 的准备金。中央银行的利率和公开市场政策可以令人满意地完成这项工作。在当时，这个想法是合理的，因为商行货币的比重仅略高于 M1 的一半，因此 100% 再融资的现金仍然发挥了相当大的作用。此外，央行准备金的比重还没有像现在这么低。

9　Esselink and Hernández (2017), Krüger and Seitz (2014).

10　Macfarlane et al. (2017), Huber (2017, pp. 72–74).

11　Fisher (1935, p. 52).

业银行还被要求持有基本无法动用的最低准备金。这种最低准备金并不像人们通常认为的那样是一种安全垫，而是一种控制商行货币供给的工具。被要求持有的最低准备金越多、中央银行就此设定的利率越高，商业银行就越不愿意扩大信贷，从而减少商行货币的供应。但随着运营所需央行货币的减少，最低准备金在很大程度上已变得无效。毕竟，商业银行用于支付中央银行利息的准备金，以及商业银行支付隔夜利息的银行间贷款，只占了通过商行货币所创造的贷款和投资的一小部分，而商业银行从这些贷款和投资中赚得的银行利息和资本市场利润要高得多。

在这种背景下，英联邦国家和其他一些国家取消了最低准备金要求。相较而言，美国和欧元区仍有正式的存款准备金要求——在欧元区是 1%，在美国则是 10% 减去库存现金。然而，美国的许多商业银行不受存款准备金要求的约束，例如某些头寸（特别是批发定期存款）不受这一规定的限制。商业银行被允许暂时将存款“移扫”至不受准备金要求约束的账户。因此，实践中美国的准备金要求已“迅速失去相关性”，现在已经近似于库存现金。[12]

运营所需准备金基数的急剧下降，使商行货币的占比从 19 世纪中期的 20% 左右上升到目前的 85% 至 98% 的水平。[13] 这就提出了一个问题：在如此小的部分准备金基础上，商业银行如何
39 能够持续地生成货币，特别是在当前的 RTGS 支付系统中，商业银行必须使用央行准备金执行每一次客户转账和自营转账。具体

---

12 Bennett and Perestiani (2002, p. 53, 65).

13 该数据的相关处理源自 Schularick and Taylor (2009); Friedman and Schwartz (1963); Stevens (1971); Swiss National Bank, Historical Time Series, No.1, Feb. 2007, Tab. 1.3, 2.3; Dt. Bundesbank, Monthly Reports, Tables on bank statistics total accounts 1954–2017。

答案在于双层银行体系的运行机制及其货币分离循环：由于客户支付的非同时性和偏向性，以及客户资金和商业银行自有资金的不可分离性，央行准备金的流通速度比商行货币要快得多。

与所需和必要的央行准备金数量的下降相矛盾，自 2008 年到近期，准备金的数量异常高，而直到 2021/2022 年，利率水平一直很低。事实上，这种准备金的泛滥是一种央行量化宽松危机政策造成的反常现象，而不是一种新常态。量化宽松的目的是稳定主权债券和金融市场，其向商业银行提供流动性是另一个动机，但只限于银行间货币市场暂时停止运作、危机开始之时。此后，由于许多主权债券是中央银行从影子银行和其他非银行金融机构购买的，这些准备金自然而然地流入了商业银行。这便为商业银行积累了准备金，由中央银行支付债券的相关费用，而出售债券的非银行主体则获得了商行货币。将巨额央行准备金重新解释为一种经济刺激措施存在误导性，因为准备金无法离开银行间的循环。因此，量化宽松在很大程度上仍然只是针对财政的量化宽松。如果商业银行真的想根据需求发放更多的商行货币信贷，它们本身就可以做到这一点，而不需要大量的央行准备金。

随着央行货币需求量的持续下降和商行货币的扩张最大化，传统货币政策的数量杠杆被缩短。中央银行利率对商业银行信贷扩张、商行货币创造以及一般利率水平的传导能力也随之下降，因此，传统的货币政策已经失去了效力。在这种程度上，中央银行已经失去了对货币的控制，新的货币替代品和无担保型加密货币的流通也加入了其中。即使不能指望央行行长们在公开场合这么说，甚至可能在内部也常常不这么想，但鉴于目前的事态，货币体系的可治理性问题已经出现了。

40 第三节 货币信用 vs. 中介信用：支付处理（者）和金融中介

商行货币机制的发展和当前的三层货币等级制度导致了宏观部门的差异，这种差异在过去并不以相同的方式或程度而存在。事实上，私人与公共部门之间、私人金融与公共财政之间的宏观部门差异自古以来便已存在。对 GDP 作出贡献的金融和不对 GDP 作出贡献的金融之间的差别是最近才出现的，下文将进一步讨论。

同样，随着法定货币和商行货币机制的发展，货币和非货币金融机构、商业银行和影子银行的分化也由此展开，而这里所涉及的货币信用和中介信用的区别也随之出现。一般而言，货币信用是由所有支付手段的发行方提供的，这些支付手段并非 100% 基于预先存在的同等货币存量；相比之下，中介信用不涉及货币创造，而是以现有支付手段的全额支出为基础。

第一，是银行部门扩大信用，如前所述，这创造了商行货币。数十年来，银行信贷的主要部分进入了非 GDP 金融，这导致了投资银行业务的上升。此外，新的第三层货币替代品出现了，它们以商行货币为基础，尽管在许多情况下没有被商行货币和基础货币所完全保障，商行货币和新的货币替代物反过来又推动了金融中介的发展。[14]

现有的金融中介机构不是商业银行，而是非货币金融机构。与商业银行的信用支出（即产生商行货币）不同，金融中介机构不创造自己的支付手段。它们在商行货币和其他货币替代品的基

14 参见 Turner (2012, pp. 35–65)。

础上，发放贷款或提供贷款经纪、投资和其他融资；货币市场基金是一个例外，其份额被视作一种新的货币替代品。然而，与所有影子银行一样，货币市场基金的运作对象是非银行主体的储蓄、拨备和盈余资金，这全都是商行货币。例如，作为影子银行的非货币信用和投资机构，包含了各种（例如股票、债券、房地产、外汇）投资基金、私募股权中介机构、非银行性质的建房互助会、金融特殊目的机构、衍生品（例如期权、期货、掉期）的 41
发行人，以及投资货币和发放贷款或开展投资基金自营的保险公司。

商业银行本身并不是从上游的客户那里借钱，然后再借给下游的其他客户的金融中介。当它们向非银行主体发放贷款或从非银行主体购买证券或其他贵重物品时，它们不是商行货币的中介，而是商行货币的创造者。[15] 然而，商业银行为其客户管理往来账户和执行银行转账，从这个意义上说，商业银行可以被视为支付中介机构，从而作为以商行货币支付的支付服务提供商；换言之，商业银行是支付处理者而非金融中介。[16]

第二，信用创造的商行货币作为非货币影子银行这一金融中介的第二层基础。目前，金融中介比银行信用融资的规模更大。在 2013 年至 2017 年，影子银行为债券、股票和共同基金等金融投资筹集的商行货币，是实体经济公司借入资金的 2 倍。如今，影子银行部门的贷款和金融投资规模超过了创造存款的银行部门。截至 2020 年，全球范围内的影子银行部门已经拥有 227 万

15 参见 Jakab and Kumhof (2015), Werner (2014a, b), Keen (2014), Lavoie (2014), Huber (2017, p. 59)。

16 关于货币与支付的更多研究，可参见 Rossi (2003, 2007)。

亿美元的金融资产，超过了银行业所拥有的180万亿美元，前者的平均增长率明显高于商业银行。[17] 随着央行数字货币的发行和流通，金融中介的趋势可能会扩大。

由此产生的问题是，不论是在总资产负债表规模角度，还是在系统主导地位角度，影子银行是否已经变得比传统商业银行更为重要。到目前为止，由于影子银行的存在，商行货币的主导地位仍然在强化，因为影子银行主要基于商行货币开展运作。为了改变这种情况，影子银行将不得不转向其他支付方式，尤其是央行数字货币，但也可能是稳定币和其他加密货币。

42 无论如何，可以观察到的是，有越来越多的非银行金融机构发挥了一种甚至几种银行职能。例如，新型货币的发行机构是一种新式货币金融机构。非银行的支付服务提供商越来越多地履行商业银行的货币服务功能，例如货币兑换和支付等。最重要的是，作为贷款人和投资者的影子银行成为了传统信贷业务的一部分。在美国和英国，一些影子银行目前可以在中央银行开立账户，从而在无需商业银行介入的情况下就能以央行准备金支付相关款项。在此情况下，货币和非货币金融机构、商业银行和影子银行之间的界限正在不断发生变动，商业银行和非银行金融机构正变得越来越相似。

货币金融机构和非货币金融机构之间的区别，与此处所说的货币信用和中介信用之间的区别相对应。[18] 货币信用一般由商业

---

17 Financial Stability Board (2020).

18 在一些时候，“信用 / 贷”（credit）和“贷款”（loan）这两个术语要在货币信用对比中介信用的意义上使用。然而，在通常用法中，信贷和贷款这两个术语往往是随意等同使用的。

银行或中央银行授予，此外根据发行方式的不同，越来越多的新型货币发行者也开始授予货币信用。相反，非货币金融机构或影子银行提供中介信用。对于各自的债权人而言，货币信用导致资产负债表的扩张，例如额外的信用债权（资产）与支付或赎回信用金额的额外债务成对入账。相比之下，中介信用涉及资产转换，相关资金的支出是为了换取请求债务人支付利息和偿还本金的信用债权。

关于商业银行和中央银行的货币信用，教科书上关于信用乘数的旧模型具有误导性。商业银行不会先成倍增加现有的现金和央行准备金，而是先创造商行货币，然后在必要的情况下，在央行基础货币中寻求部分再融资。然而，对于中介信用，即影子银行的非货币金融中介，乘数模型却是正确的。中介信用能在流通速度（即货币的周转或使用频率）给定的条件下成倍增加。这种联系使有效的货币政策得以实施，当然，前提是货币信用处于货币政策的控制之下，而不是像当今的商行货币机制那样基本上失去控制。

第四节　“金融半球”：GDP 金融 vs. 非 GDP 金融，消费者价格通胀 vs. 资产通胀 43

1980 年到 21 世纪前十年末这段时期的特点是，在利率走低趋势的推动下，银行信用扩张和货币供应的增长与 GDP 不成比例。在 1980 年左右，工业化国家的银行信贷以及货币供应的增长速度与名义 GDP 的增长速度大致相同。然而，此后货币和信贷的增长与 GDP 的增长出现急剧背离。总体上看，货币供应量的增长是 GDP 增长的 3.5 至 4.5 倍，[19]M1/GDP 比值（即马歇尔 K 值）则相应上升。几十年来，这一数值一直稳定在 0.2 以下，但自 1980 年以来，它开始成倍增长，当年在美国达到 0.86，在欧盟达到 1.1。[20]

这种结果体现为一种“反馈性”过程：储户和非银行金融机构有更多的货币可用于放贷，而存贷款利率则继续下降，这引发了投资者偏好的转变。对于储蓄者来说，将其商行货币以储蓄或定期账户中的银行存款存入，或将其作为借入资本（borrowed capital）再对外“出借”（例如购买债券、货币市场基金、养老基金等），正变得越来越没有吸引力。与此相反的是，获取业主资本（proprietary capital）或以更便宜的信贷为获得此类业主资本提供融资正变得越来越有趣（特别是用于购买股票和财产）。股票和房地产的市价也随之上涨，最重要的是，业主资本还可能以股息、租金等形式产生回报。[21] 在此过程中，只有一小部分新增的信贷进入实体经济，而大部分新增的信贷则用于对实体经济产出没有贡献的金融市场交易，即进入了“非 GDP 金融”（详见专栏 3.1）。

19 该数字根据欧洲央行、德意志联邦银行、瑞士国家银行、英格兰银行、英国国家统计局、美国圣路易斯联邦储备银行定期公布的 FRED 统计数据所计算得出。更多关于货币数量和不成比例的信贷扩张的数字，参见 Huber (2017, pp. 109–124)。

20 fred.stlouisfed.org/series/GNP, .../WM1NS, Bundesbank Monthly Bulletins, Tab. II.2, XI.1.

21 McKinsey Global Institute (2021).

专栏 3.1　“金融半球”：GDP 金融和非 GDP 金融 44

当今对金融市场批评的一个原则是，货币应该服务于实体经济，而不是金融市场交易，这种对立是不合适的。实体经济离不开金融，现代经济是以信用和金融为基础的。实体经济投资和其他资本支出只有一部分来自当期收入和储备金，还有一部分则是通过各种形式的信贷和股权投资而预先进行融资。实体经济和与之相关的金融经济虽然履行着两种不同的职能，但却形成了一个连贯的整体。

然而，将实体经济和金融经济粗略地并列在一起，还涉及一个经常被忽视的事实，即金融经济的很大一部分不再与实体经济融资有很强的联系，甚至根本没有联系。因此，真正相关的分界线存在于金融经济的两个“半球”之间：一方面是那些为实体经济产出融资作出贡献的子部门，另一方面则是那些不为实体经济产出融资的子部门。简而言之，分界线在 GDP 金融和非 GDP 金融之间产生了。[22]

GDP 金融和非 GDP 金融之间偶尔会有重叠，但功能上的区分较为明显。为实体经济产出提供融资的金融交易如下：

- 扩张用于实体经济投资和企业、私人和公共家庭的各种支出（例如劳动力、货物、服务、基础设施、使用权和其他无形资产）的信贷；
- 通过征税为政府开支提供资金，或通过赞助、捐赠

22　Werner (2011, p. 29) 也对基于 GDP 的交易和非基于 GDP 的交易进行了类似的区分。

或类似方式实施选择性货币转移；

- 首次发行股票、债券或为实体经济活动和政府支出提供资金进行回购交易；
- 风险资本参与实体经济中的研究、开发和营销；
- 作为“白衣骑士”参与资本重组的私募股权交易（具有可存续的实质，但需要彻底重构）。

另一方面，非 GDP 金融如下：

- 股票、债券和其他证券发行后的交易（即二级市场交易）；
- 为非 GDP 业务融资的回购交易；
- 外汇交易中缺少实体经济使用背景的货币使用；
- 45 衍生品交易中超出对冲实体经济风险的持仓；
- 买卖任何投资基金的份额（只要这些基金投资于非 GDP 资产）；
- 资产管理一般属于非 GDP 金融的一部分；
- 非活跃但有息的商业银行存款（即储蓄及定期存款），不论是双方达成一致或存在敌意的杠杆收购、并购融资（即使改变了一家公司的市场地位，并产生了长期的实体经济影响）；
- 在私募股权交易中，一种将公司分拆并立即出售有利可图的剩余业务的“蝗虫”活动；
- 保险公司通过非 GDP 投资进行资本建设，将房地产作为单纯的资本投资进行交易，但对所涉及的房地产的使用价值没有重大贡献；
- 在商品交易中，一种纯粹的金融投资；

- 非 GDP 金融交易的杠杆。

特别是在房地产和商品交易中，其作为实体经济和金融资产的双重用途特征尤为明显。

非 GDP 金融服务于建立储蓄、储备、股权和其他资本，这基本上是有用的和可取的。因此，关键不在于全面“谴责”非 GDP 金融，而在于限制真正导致问题的因素——即非 GDP 金融的过度活跃，防止滥用行为（例如人造食品、大宗商品和能源短缺），并将纯粹的“赌博”（例如没有真实基础的衍生品交易）排除在商业银行、影子银行和其他金融机构的受监管业务之外。

不流入实体经济的货币不会影响实体经济，也不会对消费者价格通胀（CPI）产生直接影响。流入金融经济的货币则会影响资产价格和金融市场供给的扩张（即资产通胀和通胀性融资）。从1980 年到 2020/2022 年，货币供应量的额外增加肯定会影响 CPI。但在某种程度上，这些货币为实体经济增长提供了融资，这已经反映在名义 GDP 的增长方面。因此，与 GDP 不成比例的货币供 46
应量增长，主要服务于自我参照的非 GDP 金融的扩张，这些因素推动了资产通胀和泡沫的形成，而没有影响 CPI。这是全球化的另一面——金融化，即非 GDP 金融的大规模不成比例扩张。

与 GDP 不成比例的信贷扩张，是过热的金融周期、泡沫形成以及银行与金融危机迫在眉睫的可靠判断依据。[23] 在金融危机

---

23 Shiller (2015). Minsky (1982, 1982b, 1986). Jordà et al. (2010, 2014). Schularick and Taylor (2009). Aliber and Kindleberger (2015 [1978]). Kindleberger and Laffargue (Eds.) (1982). Kindleberger (1993).

严重的同时，实体经济的严重危机也会被触发。然而，金融周期理论仍处于起步阶段。[24] 在代表性总资产通胀和金融周期方面，没有类似于衡量商业周期和 GDP 的方法。因此，人们不得不将就着使用各种单个指标。

例如，在英国，贡献 GDP 的贷款比重下降到仅占所有贷款的 15%，而 85% 则进入了非 GDP 金融。[25] 此外，金融市场交易量从 1990 年的 GDP 的 15 倍增加到 2007 年的 70 倍。[26] 从 1870 年到 1980 年，17 个最大工业化国家的股票市值大致与 GDP 呈同步发展趋势。然而，自 1980 年左右开始的股价上涨期开启之后，所有股票的总市值与 GDP 之比增加了 2 倍。[27]

从 1870 年到 1975/1980 年，美国金融资产（例如股票、债券和其他证券，不包括房地产）的增长也大致与 GDP 保持一致，即在 GDP 的 4.5 倍左右波动。从 1980 年到 2007 年，这一数值又上升到 GDP 的 10 倍以上。[28] 在 1946 年，美国资产管理公司持有的金融资产占 GDP 的比例为 50%，而到了 2014 年，这一
47 比例达到了 240%。[29] 从 1980 年到 2014 年，15 个发达国家的债券、股票和住房的平均估值增长了 4 倍，而名义 GDP 仅增长了

---

24 Borio (2012, 2017). Rogoff (2017).

25 Van Lerven et al. (2015, p. 26).

26 Dt. Bundestag (2020, pp. 7–8). Sigl-Glöckner (2018).

27 Kuvshinov and Zimmermann (2021).

28 Thomson Datastream. Federal Reserve. Trader's Narrative, Nov 7, 2009. 其他划界时期产生的水平较低，但比例相同，可参见 Bhatia (2011, p. 8)。

29 A. Haldane, chief economist of the Bank of England, in a speech on big institutional investors, reported in FAZ from April 8, 2014, p. 25. FRED Economic Data St. Louis Federal Reserve, Financial business total financial assets to GDP 1952–2018.

一倍。[30] 在欧元区，各种金融资产或财富自 2008 年以来几乎翻了一番。[31]

从 2014 年到 2019 年的短时间内，欧洲的 CPI 总共上涨了 5%，而资产价格却上涨了 20%，是前者的 4 倍。相关资产包括作为金融投资的土地和房地产，它们的使用价值当然不是可有可无的，而是往往退居幕后地位（长期以来，实体经济资产就是这样）。美国的房地产价格在 1890 年至 1997 年的一百年间里只上涨了 7%，但在 1997 年至 2007 年的十年间却上涨了 85%。[32] 自 20 世纪 70 年代末以来，所有发达国家的房价平均上涨了 14 倍，其中澳大利亚甚至高达 21 倍。[33]

2008 年以来的量化宽松危机政策——准备金泛滥和根深蒂固的低利率，加剧了金融化和资产通胀，这让人想起了一种以更大力度灭火的策略。直到 2020 年开始的新冠疫情，量化宽松才不仅为银行业和金融经济提供了（再）融资，而且还公开、及时地为广泛的政府支出计划提供了再融资。

早期的一个例外，是欧洲央行于 2014 年推出的 TLTRO 计划（即"定向长期再融资操作"计划），此后该计划的规模不断扩大。该计划以有利条件，向实体经济公司和企业提供长期银行贷款。[34] 首先，所有这些资金都服务于实体经济支出，与非 GDP

30　Dt. Bank Markets Research (2017, pp. 8–33). OECD data https://data.oecd.org/gdp/gross-domestic-product-gdp.htm.

31　www.flossbachvonstorch-researchinstitute.com/en/fvs-wealth-price-series-for-the-euro-area.

32　Shiller (2015, p. 20).

33　Jordà et al. (2014). Ryan-Collins et al. (2017). www.imf.org/external/research/housing/index.htm.

34　TLTRO = Targeted Longer-Term Refinancing Operations.

金融相比，实体经济支出对通货膨胀有直接影响。从 2021 年起，由于与疫情相关的供应短缺和与战争相关的能源价格上涨，这再
48 次首次反映于 CPI 的大幅上涨。当前的问题在于，这些资金将在多大程度上继续留在实体经济中流通，以及它们将在多大程度上逐渐流入非 GDP 金融。

大幅扩张非 GDP 金融的货币使用，并不一定要以牺牲实体经济为代价，正如国家借款并不一定要以牺牲私人部门为代价一样（即“挤出假设”）。现代的法定货币可以由商业银行和中央银行在特定条件和规则下，以任意数量自由发行。因此，问题不在于 GDP 金融的缺乏，而在于非 GDP 金融过多。[35] 曾经投资于非 GDP 金融的货币，在很大程度上可能会留在这一“半球”。即使最初用于 GDP 金融的货币，也只有一部分会留在实体经济中流通，而另一部分则会流入非 GDP“半球”。

过度的货币信贷以及与 GDP 不成比例的非 GDP 金融扩张的后果仍然是相关的：中央银行转变为银行与金融的适应性辅助机构，货币政策的效果显著丧失，金融与货币的不稳定性加剧，从而增加了危机的可能性。此外，金融收入的激增以牺牲劳动收入的比重为代价，导致收入和财富分配的不平等再次加剧，并因此导致新的社会不和谐和政治两极分化。[36] 尤其重要的是，自 20 世纪 60 年代以来，生态失调的工业“新陈代谢”所造成的负面影响已成为一个永久性的挑战。

---

35 Arcand et al. (2012).

36 参见 McKinsey Global Institute (2010, 2021), Kuvshinow and Zimmermann (2021), Fullbrook and Morgan (2020), Atkinson (2015, pp. 16–44, 180), Atkinson et al. (2011), Chansel et al. (2022)。

第五节　金融市场反复失灵

为什么金融市场不能自己找到一个极限均衡，并倾向于反复地表现过度？根据流行的教义，市场实际上应该这样做。人们假设，供给价格的上涨会抑制需求，直到达到供给或价格停止上涨、需求稳定的某一点。供给和需求处于均衡状态，价格为均衡价格，市场出清。但是，究竟是需求真的得到了满足，还是供给确实已经耗尽，我们实际上不得而知。所谓的均衡更多与语言惯例相关，而不是实证意义上的客观化。然而，这种机制无疑是存 *49*
在的。用控制论的术语来说，这是一个在价格上涨和减少支付意愿之间，或者分别是价格下降和增加购买意愿之间的“负反馈”过程。

然而，这种解释并不全面，因为在市场中同样存在一个“正反馈”循环。例如，高昂或正在上涨的价格与潜在增加的支付意愿密切相关，这适用于享有盛誉的俱乐部商品、炫耀性消费，以及金融市场。虽然价格上涨最终也会达到需求端难以承受的临界点，但在此之前，存在着一个供给、价格和需求增加的正反馈螺旋，这可能是因为对给定商品的需求从一开始就很高，或者因为需求者期望有持续的价格上涨，这意味着在稍后的时间点购买将更加昂贵。特别是对于金融资产而言，当预期收益或市场价值增加时，便会出现正反馈现象。

这样的正反馈循环没有特定的限制。人们不知道支付或承担风险的意愿何时会结束，如果考虑到资产价值的不断上升，就更无从知晓了。每个人都知道，金融市场的繁荣将在某个时候结束；但没有人确切地知道，这将在何时以及在何种价格水平上实现——它一直有效，直到失效。不过，人们知道接下来会发生什么：市场行情下滑，甚至崩溃，金融资本遭到破坏；这也许仅在有限的程度上发生，但也可能导致下一次重大金融崩溃及其引发的经济危机。造成这种情况的主要原因总是在于过度信贷，无论是过度的货币信用还是同样过度的中介证券化过程，都会导致过度投资和过度负债。

毫无疑问的是，对负反馈循环的限制在金融市场中发挥了作用。参与者非常清楚价格和风险敞口的适当性。但如果你在做生意，并想继续做生意，你就不能错过一个看似不错的交易。花旗集团（Citigroup）前首席执行官普林斯（Ch. Prince）说过一句趣言："只要音乐还在播放，你就得站起来跳舞。"因此，理性反复被无限的正反馈循环所覆盖，直到各自的金融承载能力极限被超越，从而引发金融危机。明斯基（Minsky）的金融不稳定假说，
50 特别是最后的庞氏阶段（必然的滚雪球效应），已经将金融市场失灵描述为一种自我推进的过度活跃。[37] 席勒（Shiller）在他的金融危机反馈理论中，创造了"非理性繁荣"（irrational exuberance）这个术语。[38] 这些运作机制，在资本主义经济中一直存在。[39] 现实世界的市场当然与"群体智慧"有关，但有时也与"群体愚蠢"有关。对一个经济体的货币吸收能力和金融承载能力极限的无知是一个重大的知识缺口，特别是在货币政策和金融市场监管方面。

---

37 Minsky (1982a, 1986).

38 Shiller (2015, p. 225).

39 Laeven and Valencia (2008). Dt. Bank Markets Research (2014, 2017).

参考文献：

1. Aliber, Robert Z., and Kindleberger, Charles P. 2015 [1978]. Manias, Panics, and Crashes. A History of Financial Crises, New York: Basic Books. 7th edition.
2. Amadeo, Kimberly. 2022. How the Yuan Could Become A Global Currency, the Balance, May 15, 2022.
3. Arcand, Jean-Louis, Berkes, Enrico, and Panizza, Ugo. 2012. Too Much Finance? IMF Working Paper, WP/12/161.
4. Atkinson, Anthony B., Piketty, Thomas, and Saez, Emmanual. 2011. Top Incomes in the Long Run of History, Journal of Economic Literature, 49 (1): 3–71.
5. Atkinson, Anthony B. 2015. Inequality. What can be done? Cambridge, MA: Harvard University Press.
6. Bennett, Paul, and Peristiani, Stavros. 2002. Are U.S. Reserve Requirements still Binding? Federal Reserve Bank of New York, Economic Policy Review, 8 (1): 53–68.
7. Bhatia, Ashok Vir. 2011. Consolidated Regulation and Supervision in the United States, IMF Working Paper, No.23.
8. Bindseil, Ulrich, and König, Philipp J. 2013. Basil J. Moore's Horizontalists and Verticalists: An appraisal 25 years later, Review of Keynesian Economics, 1 (4) (Winter): 383–390.
9. Bindseil, Ulrich. 2004. The Operational Target of Monetary Policy and the Rise and Fall of Reserve Position Doctrine, ECB Working Paper Series, No. 372.
10. Borio, Claudio. 2012. The Financial Cycle and Macroeconomics: What have we Learnt? BIS Working Papers, No. 395, Basel: Bank for International Settlements.
11. Borio, Claudio. 2017. Secular Stagnation or Financial Cycle Drag? Basel: Bank for International Settlements.
12. Carney, Mark. 2019. The Growing Challenges for Monetary Policy in the *51*
Current International Monetary and Financial System, Speech at the Jackson Hole Symposium 2019, publ. by the Bank of England, August 2019.
13. Chansel, Lucas, Piketty, Thomas, Saez, Emmanuel, and Zucman, Gabriel. 2022. World Inequality Report 2022, publ. by World Inequality Lab with

support from UNDP.
14. Cheng, Evelyn. 2020. China's Yuan Could Become the World's Third Largest Reserve Currency in Ten Years, CNBC China Economy, September 4, 2020.
15. Dt. Bank Markets Research. 2014. Long-Term Asset Return Study, London, September 2014.
16. Dt. Bank Markets Research. 2017. Long-Term Asset Return Study, London, July 2017.
17. Dt. Bundestag. 2020. Dokumentation zu den Begriffen Finanz- und Realwirtschaft, WD 5-3000-003/20.
18. Eichengreen, Barry. 2011. Exorbitant Privilege. The Rise and Fall of the Dollar and the Future of the International Monetary System, New York: Oxford University Press.
19. Esselink, Henk, and Hernández, Lola. 2017. The use of Cash by Households in the Euro Area, European Central Bank Occasional Paper Series, No. 201 Frankfurt.
20. Financial Stability Board. 2020. Global Monitoring Report on Non-Bank Financial Intermediation 2020, www.fsb.org/2021/12/global-monitoring-report- on-non-bank-financial-intermediation-2021.
21. Fisher, Irving. 1935. 100%-Money. New Haven: Yale University.
22. Friedman, Milton, and Schwartz, Anna J. 1963. A Monetary History of the United States and the United Kingdom 1867–1960. Chicago: University of Chicago Press.
23. Fullbrook, Edward, and Morgan, Jamie, (Eds). 2020. The Inequality Crisis. Bristol: World Economics Association Books.
24. Gopinath, Gita, Boz, Emine, Casas, Camila, Díez, Federico J., Gourinchas, Pierre-Olivier, and Plagborg-Möller, Mikkel. 2016. Dominant Currency Paradigm, NBER Working Paper, No. 22943.
25. Gopinath, Gita, and Stein, Jeremy C. 2018. Banking, Trade, and the Making of a Dominant Currency, NBER Working Paper, No. 24485.
26. Huber, Joseph. 2017. Sovereign Money. Beyond Reserve Banking, London: Palgrave Macmillan.
27. Hudson, Michael. 2003 [1972]. Super Imperialism. The Origin and Fundamentals of U.S. World Dominance, New edition, London: Pluto Press.
28. Hudson, Michael. 2012. The Bubble and Beyond, Dresden: Islet Verlag [FIRE sector].

29. Jacab, Zoltan, and Kumhof, Michael. 2015. Banks Are Not Intermediaries of Loanable Funds—and Why This Matters, Bank of England Working Paper, No. 529.
30. Jordà, Òscar, Schularick, Moritz, and Taylor, Alan M. 2010. Financial Crises, Credit Booms, and External Imbalances. 140 Years of Lessons, NBER Working Papers, No. 16567. 52
31. Jordà, Òscar, Schularick, Moritz, and Taylor, Alan M. 2014. The Great Mortgaging: Housing Finance, Crises, and Business Cycles, NBER Working Papers, No. 20501.
32. Keen, Steve. 2011. Debunking Economics. London/New York: Zed Books.
33. Keen, Steve. 2014. Endogenous Money and Effective Demand, Review of Keynesian Economics, 2 (3) (Autumn): 271–291.
34. Kindleberger, Charles P., and Laffargue, J.-P. (Eds). 1982. Financial Crises. Theory, History, and Policy, Cambridge University Press.
35. Kindleberger, Charles P. 1993. A Financial History of Western Europe. New York: Oxford University Press.
36. Krüger, Malte, and Seitz, Franz. 2014. The Importance of Cash and Cashless Payments in Germany, Proceedings of the International Cash Conference 2014: The Usage, Costs and Benefits of Cash. Frankfurt: Bundesbank.
37. Kuvshinov, Dmitry, and Zimmermann, Kaspar. 2021. The Big Bang: Stock Market Capitalization in the Long Run, Journal of Financial Economics, 145 (2) (Part B): 527–552.
38. Kydland, Finn, and Prescott, Edward. 1990. Business Cycles: Real Facts and a Monetary Myth. Quarterly Review 14: 3–18.
39. Laeven, Luc, and Valencia, Fabian. 2008. Systemic Banking Crises. A New Database, IMF Working Paper, WP 08/224.
40. Lavoie, Marc. 2014. A Comment on "Endogenous Money and Effective Demand" by Steve Keen, Review of Keynesian Economics, 2 (3) (Autumn): 321–332.
41. Lutz, Friedrich. 1936. Das Grundproblem der Geldverfassung, Stuttgart/Berlin: Kohlhammer.
42. Macfarlane, Laurie, Ryan-Collins, Joshm, Bjerg, Ole, Nielsen, Rasmus, and McCann, Duncan. 2017. Making Money from Making Money. Seigniorage in the Modern Economy, publ. by New Economics Foundation, London, and Copenhagen Business School.

43. McKinsey Global Institute. 2010. Debt and Deleveraging—The Global Credit Bubble and its Economic Consequences, January 2010.
44. McKinsey Global Institute. 2021. The Rise and Rise of the Global Balance Sheet, November 2021.
53 45. Minsky, Hyman P. 1982a. The Financial Instability Hypothesis. Capitalist Processes and the Behavior of the Economy, In: C. P. Kindleberger, J.-P. Laffargue (Eds.), Financial Crises. Theory, History, and Policy, Cambridge University Press, 13–39.
46. Minsky, Hyman P. 1982b. Can “It” Happen Again? Essays on Instability and Finance, Armonk, N.Y.: M.E. Sharpe.
47. Minsky, Hyman P. 1986. Stabilizing an Unstable Economy. New Haven: Yale University Press.
48. Moore, Basil J. 1988a. Horizontalists and Verticalists: The Macroeconomics of Credit Money. Cambridge University Press.
49. Moore, Basil J. 1988b. The Endogenous Money Supply, Journal of Post Keynesian Economics, 10 (3): 372–385.
50. Palley, Thomas I. 2013. Horizontalists, Verticalists, and Structuralists: The Theory of Endogenous Money Reassessed, Review of Keynesian Economics, 1 (4): 406–424.
51. Rochon, Louis-Philippe. 1999a. Credit, Money and Production. An Alternative Post-Keynesian Approach, Cheltenham: Edward Elgar.
52. Rochon, Louis-Philippe. 1999b. The Creation and Circulation of Endogenous Money, Journal of Economic Issues, 33 (1): 1–21.
53. Rogoff, Kenneth S. 2017. Dealing with Monetary Paralysis at the Zero Bound, Journal of Economic Perspectives, 31 (3) (Summer): 47–66.
54. Rossi, Sergio. 2003. Money and Banking in a Monetary Theory of Production, In L. P. Rochon, Rossi, Sergio (Eds.), Modern Theories of Money, Cheltenham: Edward Elgar, 339–359.
55. Rossi, Sergio. 2007. Money and Payments in Theory and Practice. London: Routledge.
56. Ryan-Collins, Josh, Lloyd, Toby, and Macfarlane, Laurie. 2017. Rethinking the Economics of Land and Housing. London: Zed Books Ltd.
57. Schularick, Moritz, and Taylor, Alan M. 2009. Credit Booms Gone Bust. 1870–2008, National Bureau of Economic Research, Working Paper, No. 15512. Reprinted In American Economic Review, 102 (2): 1029–1061.

58. Shiller, Robert J. 2015. Irrational Exuberance, revised and expanded, 3rd ed. Princeton NJ: Princeton University Press.
59. Sigl-Glöckner, Philippa. 2018. Ein Blick ins Innere des europäischen Finanzgetriebes, Makronom, 7.
60. Stevens, Edward J. 1971. Composition of the Money Stock Prior to the Civil War, Journal of Money, Credit and Banking, 3 (1): 84–101.
61. Turner, Adair. 2012. Economics After the Crisis. Objectives and Means, Cambridge, Mass./London: The MIT Press.
62. van Lerven, Frank, Hodgson, Graham, and Dyson, Ben. 2015. Would There be Enough Credit in a Sovereign Money System? London: Positive Money.
63. Werner, Richard A. 2011. Economics as if Banks Mattered, The Manchester School, 79: 25–35.
64. Werner, Richard A. 2014a. Can Banks Individually Create Money out of Nothing? The Theories and the Empirical Evidence, International Review of Financial Analysis 36: 1–19.
65. Werner, Richard A. 2014b. How do Banks Create Money, and Why can Other Firms not do the Same? International Review of Financial Analysis 36: 71–77.

55 第四章
货币主权：商行货币作为准主权法定货币

从古代和现代早期商业资本主义时期数量稀缺的传统商品货币，到现代可以自由创造的代币，这一变迁过程必然会发生。[1] 否则，现代经济、生产性行业、不断增长的人口和全方位的生活水平就不可能得到发展。然而，无论是国家（包括由公法约束的财政部和中央银行）还是银行（包括由私法约束的中央银行），这些机构的货币创造很少可以在较长时期内达到供求平衡。此外，现代货币的发展已经引起了国家货币之间的持续竞争，国家货币寻求保持其主权地位，而商业银行以及其他私人货币发行者试图“推翻现任者”并夺取其货币权力。[2]

针对上述问题，1800 年以后的古典经济学早已产生了分歧。一方面，银行学派为商业银行自行决定将私人纸币投入流通的做法进行了辩护。供给和需求的相互自由作用，加上“真实纸币”（real bills）作为抵押品，将确保永远不会出现比“真实需要”更
56 多的纸币。另一方面，货币学派从实际的通货膨胀现象、货币

---

1 Simmel (2004 [1900], p. 173) 在其论文中已经看到了这一点，即通过“货币代币”的符号形式逐渐取代物质货币，来逐步实现货币的非物质化。

2 另参见 Galbraith (1995 [1975]), Goodhart (1998), Goodhart and Jensen (2015), Graeber (2012, pp. 46–71)。

接受问题和银行业危机的角度反驳了银行学派的观点。该学派认为，必须有一个类似于英格兰银行的机构对纸币拥有合法的垄断，它（在当时的背景下）自身必须与金本位挂钩。[3]

20世纪30年代至60年代的新自由主义（Neoliberalism）也同样存在前述分歧。新奥地利学派中的哈耶克学派在几十年后带来了金融市场的自由化，其鼓吹激进的自由银行业，以及不受约束的、无需法偿货币存在的货币竞争（即货币的非国家化）。[4]一般而言，包括中央银行在内的国家官僚机构都受制于“知识推定”（presumption of knowledge），而市场的群体智慧被认为提供了卓越的搜索和学习过程。当然，这本身就是一种知识的假设，尤其是在面对反复出现的“群体愚蠢”这一明确现象的时候。

与新自由主义中哈耶克极端派的相反立场是秩序自由主义（Ordoliberalism），以及（就货币政策而言）早期的芝加哥学派和费雪（I. Fisher）等杰出人物的立场。秩序自由主义是货币学派的一贯传统，也是自克纳普（Knapp）以来“货币国定论”（monetary chartalism）的传统观点，这一观点也为凯恩斯所提倡。根据该观点，货币是对任何市场经济都至关重要的通用工具，但它不是真正的私法产物，而是国家法律的产物。[5]控制货币的“创造”而非货币的“使用”，被视为一项具有宪法重要性的特权。因此，秩序自由主义反对让本国货币和以本国货币计价的货币，像其他商品或服务一样受到竞争。[6]

3　参见 Lutz (1936, pp. 8–18), Goodhart and Jensen (2015), O’Brien (1994, 2007)。

4　Rothbard (1962). Hayek (1976). Huerta de Soto (2009, Chapter 8).

5　Knapp (1924 [1905]). Lutz (1936). Henry (2004). Hudson (2004). Graeber (2012).

6　Lutz (1936, p. 14), Eucken (1959, p. 161).

在这种逻辑下，自 1929 年华尔街崩盘后，早期的芝加哥学派和费雪主张对活期存款实行 100% 的准备金制度，以结束商行货币的经常性过度创造。[7] 许多美国经济学家和政治家支持这项
57 计划，[8] 不过，银行业的利益占了上风。尽管如此，他们不得不接受 1933 年《格拉斯–斯蒂格尔法案》(Glass-Steagall Act) 引入的分业银行体系。商业银行必须作出一项选择，即要么成为有资格从美联储借款并能够创造商行货币的银行，要么成为非货币的投资银行。但是，由于没有限制商业银行为投资银行的活动提供融资，这项措施并不是特别有效。在此情况下，分业银行体系逐渐被削弱，投资银行再次被允许作为商业银行经营。1999 年，《格拉斯–斯蒂格尔法》中的剩余有效内容被完全废除。

在现代之前的货币古代起源时期，尽管当时已经发生了公共和私人生活领域的分化，但私人货币不存在争议。例如，在遥远的古代美索不达米亚和埃及，货币记账单位是由统治者的行政管理发展起来的；此外，大约在两千七百年前，吕底亚国王克罗伊斯（Croesus）以铸造硬币的形式引入了货币。自那时起，硬币上刻有统治者的印记，货币持续作为公法或国家法律的组成部分，从而与私法或民法的适用对象存在显著差异。

货币创造，或者许可和控制私人货币的发行，成为了古代和封建统治者以及现代民族国家的特权。一个例外是在西罗马帝国灭亡后，私人货币商（monetarii）获得了铸币的特权，直到丕平三世（Pippin III）和他的儿子查理曼（Charlemagn）在 8 世纪下半叶恢复了货币主权。究其背后的原因，不仅是统治王朝对权力

7 Soddy (1934). Hart (1935). Fisher (1935). Simons (1948). Friedman (1959).

8 参见 Douglas et al. (1939)。

和利益的追求，还有对国家结构、公共基础设施进行管理和筹资的功能需要。

主权特权包括以下三个部分：

1. 确定货币作为一国的货币计价单位；

2. 创造和发行货币或者以该货币计价的几种货币；

3. 从铸币税或货币创造中获益。

货币特权与其他具有宪法重要性的特权是一致的，例如立法、司法管辖权、领土管理、税收和使用武力。没有哪个治理有序的国家会故意把这些特权留给外国或私人势力。毕竟，没有人 58
会再考虑将税收垄断权部分甚至完全让与私人实体，或与自封的公民民兵和私人武装力量分享对武力的垄断，甚至允许教会法等作为与国家法律 / 司法相竞争的平行法律 / 司法。

然而，许多利益相关方希望通过重新宣布货币是民法和私人契约的产物，来取消货币作为国家法律产物的地位。从收益、实力和自豪感的角度来看，主权货币特权显然过于诱人，以至于那些利益相关方会去尝试干预甚至掌控它。在现代货币化和金融化的社会中，对货币的控制特别是货币的创造、首次使用和随后的持续分配，意味着拥有了仅次于法律颁布权和指令发布权的优越权力。

由于商行货币在 20 世纪上升到体系主导地位，货币主权的三个组成部分中仅有一个仍然完好无损，那就是“官方货币（计价）单位”。但大部分与货币创造相关的铸币税收益（这一收益在很大程度上避免了融资成本）都被让渡给了银行业，而中央银行从最初的“国家的银行”已经变成了“银行的银行”。如今，具有系统相关性的商业银行得到了中央银行在事实上的支持担保，中央银行的角色类型也得到了大幅扩展，其不仅是“最后贷款人”，同时也是政府债券（部分还包括公司债券）的“最后做市商”。

与此同时，政府则承担了商行货币的“最后担保人”的角色，从而确保了商业银行的存续。自20世纪30年代以来，商行货币拥有了由商业银行自身（限于极小规模）和政府（大规模）提供的合法存款保险。政府随时准备着在必要时为商业银行提供紧急救助，例如暂时将面临破产风险的大型银行国有化，或以其他方式用国家资金对这些银行进行资本重组。而为了使商业银行免于破产，即使是客户存款也在法律上受制于内部纾困措施（即把客户存款强制转换为银行股本）。

如果不是各国中央银行、财政部以及政府担保在更大程度上支持商行货币，那么最迟在1930年前后和大萧条时期，商行货币作为一种私人支付手段将不复存在。更准确地说，当时商行货币作为一种纯粹的私人支付手段，实际上已经消失了，因为中央
59 银行和政府已经开始为整个银行部门的存在负责，特别是当前的系统相关性商业银行。商业银行发行的商行货币，与中央银行发行的央行准备金已经紧密地相互交织、相互依赖，将其称为“混合货币系统”无可厚非，但这种称谓具有一定的轻视和模糊性。事实上，我们面对的是一种由国家中央银行支持、政府担保的“真实”私人银行货币机制，在该机制下，中央银行和政府跟随银行部门和影子银行的“企业化领导”，而真正的私人银行货币已经取得了“准主权地位”，这可以视为一个宪法上的怪物。

这种现象背后的原因之一，是反复出现的严重银行与金融危机引发了人们对国家货币供给的担忧，应对这些危机便需要确保

国家货币持续流通、维持经济稳健运行，而国家货币的供给实际上就是商行货币的供给。政府官员和央行行长们没有思考当前货币与银行体系的运作方式，而是一次又一次地选择加强私人银行的货币特权，误以为通过越来越多的“繁文缛节”就能保证商业银行的安全。最近的一个例子是2010年的《多德-弗兰克法案》（Dodd-Frank Act），该法有将近一千页，其中包括围栏策略（ring fencing）和生前遗嘱（living wills）等。另一个例子是关于银行流动性和偿付能力的巴塞尔规则。这些规则难以被真正地付诸实施，其对防止下一场严重危机的帮助微乎其微，就像它们在过去没有起到多大作用一样。

高流动性风险是部分准备金银行制度的必然特征。银行危机和破产的可能性难以通过监管消减，因为资产负债表的错配永远无法被排除。无论多么详尽的计算，都会被意想不到的灾祸和出错的约定所推翻。因此，试图让商业银行抵御风险从而确保商行货币的安全，是不可能完成的任务。在19世纪初至中期，欧洲商业银行的股本比率为30%至40%，美国为40%至50%。[9] 即便如此，这也无法保护它们免受危机的影响，而且在许多情况下它们仍然会破产。2008年，银行股本比率仅为8%，而如今基于巴塞尔规则的新要求，这一比率已升至15%，但这也不会阻止部分准备金银行体系在未来发生的危机。在严重的银行与金融危机中，应收账款违约率会上升，其他金融资产也会贬值，没有任何 60
股本缓冲能确保一家商业银行的生存。“破产”一词源自银行业并非偶然。

9　Benink and Bentson (2005). Benink (2016, p. 31). The Economist, December 20th, 2008, p. 58.

人们普遍认为，商行货币是在中央银行的领导和控制之下，因此整个体系应该代表一个主权货币体系，而不是由商业银行领导的准主权商行货币体系，但这一观点事实上具有浓厚的“悲喜剧”色彩。如果商行货币本质上是不安全的，其必须由中央银行和政府一次又一次地干预拯救，那么问题就出现了：为什么这种糟糕的情况被反复接受，而不是让商业银行承担私人债务，并向非银行主体提供央行主权货币的安全存量（例如曾经占主导地位的现金供应，以及在实施得当前提下的央行数字货币）？无论是从宪法的角度，还是从有效货币政策的角度来看，现在是时候重新调整货币体系中的（权力）制衡机制了。

参考文献：

1. Benink, Harald A., and George Bentson. 2005. The Future of Banking Regulation in Developed Countries: Lessons from and for Europe. Financial Markets, Institutions & Instruments 14 (5).
2. Benink, Harald A. 2016. Raising Bank Capital and the Implications for the Cost of Capital, In: Patricia Jackson (Ed.), Banking Reform, publ. by SUERF The European Money and Finance Forum, London.
3. Douglas, Paul H., Hamilton, Earl J., Fisher, Irving, King, Willford I., Graham, Frank D., and Whittlesey, Charles R. 1939. A Program for Monetary Reform. Unpublished, but widely circulated among economists at the time. Available from the Kettle Pond Institute for Debt-Free Money, www.economicstability.org/history/a-program-for-monetaryreform-the-1939-document.
4. Eucken, Walter. 1959. Grundsätze der Wirtschaftspolitik. Hamburg: Rowohlt.
5. Fisher, Irving. 1935. 100%-Money. New Haven: Yale University.
6. Friedman, Milton. 1959. A Program for Monetary Stability. New York: Fordham University Press.
7. Galbraith, John Kenneth. 1995 [1975]. Money. Whence it Came, Where it Went, New York: Houghton Mifflin, 1st ed. 1975.

8. Goodhart, Charles A. E. 1998. The Two Concepts of Money—Implications for the Analysis of Optimal Currency Areas. European Journal of Political Economy 14 (1998): 407–432.
9. Goodhart, Charles A.E., and Meinhard Jensen. 2015. Currency School versus Banking School: An Ongoing Confrontation. Economic Thought 4 (2): 20–31.
10. Graeber, David. 2012. Debt. The First 5,000 Years, New York: Melville House *61*
Publishing.
11. Hart, Albert G. 1935. The Chicago Plan of Banking Reform, The Review of Economic Studies, 2: 104–116. Reprinted in Friedrich A. Lutz and Lloyd W. Mints (Eds.). 1951. Readings in Monetary Theory, Homewood, Ill.: Richard D. Irwin, 437-456.
12. Hayek, Friedrich A. von. 1976. Denationalisation of Money. London: Intitute of Economic Affairs.
13. Henry, John F. 2004. The Social Origins of Money: The Case of Egypt, In: Wray (Ed.), 79–98.
14. Hudson, Michael. 2004. The Archeology of Money. Debt versus Barter—Theories of Money's Origins, In: Wray (Ed.), 99–127.
15. Huerta de Soto, Jesús. 2009. Money, Bank Credit, and Economic Cycles, Auburn, Al.: Ludwig von Mises Institute, 2nd edition (1st 2006).
16. Knapp, Georg Friedrich. 1924 [1905]. The State Theory of Money, London: Macmillan & Co.
17. Lutz, Friedrich A. 1936. Das Grundproblem der Geldverfassung, Stuttgart/Berlin: Kohlhammer.
18. O'Brien, Denis Patrick. 1994. Foundations of Monetary Economics, Vol. IV—The Currency School, Vol. V—The Banking School, London: William Pickering.
19. O'Brien, Denis Patrick. 2007. The Development of Monetary Economics. Cheltenham: Edward Elgar.
20. Rothbard, Murray N. 1962. The Case for a 100-Percent Gold Dollar. In Search of a Monetary Constitution, (Ed.), B. Leland, Yeager, 94–136. Cambridge, Mass.: Harvard University Press.
21. Simmel, Georg. 2004 [1900]. Philosophy of Money, edited by David Frisby. London: Routledge.
22. Simons, Henry C. 1948. A Positive Programme for Laissez Faire. Some Proposals for a Liberal Economic Policy, and: Rules versus Authorities in

Monetary Policy. Both articles In: H.C. Simons, Economic Policy for a Free Society, The University of Chicago Press, 1948. First published as "Rules versus ...", The Journal of Political Economy, 44 (1936): 1–30.

23. Soddy, Frederick. 1934. The Role of Money. What it should be, contrasted with what it has become, London: George Routledge and Sons Ltd.
24. Wray, L. Randall., (Ed.). 2004. Credit and State Theories of Money. The Contributions of A. Mitchell-Innes, Cheltenham: Edward Elgar Publishing.

第五章 63
货币供应总量构成中的历史拐点

第一节　时代兴衰中的货币类型

在过去的几个世纪里，现代货币供给的组成经历了结构性的变化。[1] 一种特定货币的兴起和衰落，可以视为潮水的涨落；迄今为止现代货币的发展过程中已经有三次潮汐式变化，第四次正在出现：

- 17 世纪 60 年代到 19 世纪 40 年代：
  - ↗ 不受管制的纸币（例如私人纸币、除美国国库券之外的国库纸币）日渐泛滥；
  - ↘ 主权硬币的系统重要性开始下降。
- 19 世纪 40 年代到 1910 年左右：
  - ↗ 欧洲各国发行法偿纸币的数量呈上升趋势；
  - ↘ 不受管制的纸币呈衰落趋势。
- 19 世纪晚期到 2010 年左右： 64

1　本章关于货币历史的资料来源包括 Aliber and Kindleberger (2015 [1978]), Davies (2013), Ferguson (2008), Galbraith (1995 [1975]), Graeber (2012), Hixson (1993), Huerta de Soto (2009), Kindleberger and Laffargue (Eds.) (1982), O'Brien (1994, 2007), Siekmann (2016), Simmel (2004 [1900]), Skidelsky (2018), Zarlenga (2002)。

↗ 商行货币呈兴起趋势；

↘ 央行纸币和央行准备金呈衰落趋势。

- 从 21 世纪 20 年代开始：

↗ 数字代币崛起（特别是央行数字货币）；

↘ 账面货币开始衰落（特别是商行货币）。

当然，现实世界中货币供给结构重组的过程，从来不像它的抽象概念所显示的那么简单。同样，货币供给的起伏变化，并不意味着某种特定类型的货币数量总是绝对下降，就像中世纪的计数棒和不受管制的纸币一样。就总量而言，财政部硬币、财政部/央行纸币、商行货币以及央行准备金的存量实际上直到近期才停止大规模增长，这也反映出过去几个世纪人口和经济已经得到显著发展。但是，在某一特定历史时期，某一特定类型的货币在货币供应总量构成中所占的比重会从较低水平上升，在之后另一时期则又从最高处下降。

一种支付手段所占比重的上升和随后的下降，让人想起马克·吐温（Mark Twain）的一句格言："历史不会重演，但总会惊人地相似。"现代货币供应总量构成的拐点，均发生在由经济问题和危机引发的变化之中，其表现出一定的结构相似性。下文总结了引发货币拐点生成的因素，其促使货币供给的构成发生了重大变化：

（1）当各自的货币体系或现有的主导货币分别产生了无法在既定框架内解决的问题；

（2a）一种新型货币出现了，它为上述问题提供了部分解决方案；

（2b）效率优势（例如较低的生产、供给和处理成本）的进一步凸显，使货币可以被更容易使用和更快转移。与竞争性的新货币相比，传统货币不太便利，流通频率较低，生产和管理成本更高。

简单而明确地讲，货币供给和货币体系的钟摆式重构，体现 65
了货币供应量过少和过多、货币短缺和供过于求的交替时期。只要铸币在现代早期仍然占主导地位，货币就会非常稀缺，尽管白银通胀时有发生；相反，在不受管制的纸币时代，货币的创造往往是一件好事。在随后的一段时期，中央银行在金本位或双金属货币本位的基础上垄断了纸币，人为地造成了货币的稀缺，然而，这种稀缺性很难维持，并随着时间的推移逐渐被账面式商行货币的发展所破坏。反之，商行货币机制的兴起对货币创造没有任何限制。即便这种货币稀缺性限制在某种程度上是有效的，随着短命的布雷顿森林体系的逐渐消亡，货币供给仍旧实现了前所未有的自由。

在类似的意义上，加尔布雷斯（J.K. Galbraith）已经讨论过“货币紧缩与货币宽松”的变化时期，舆论和政策的钟摆在两者之间来回摇动。[2] 与此相似的是，斯基德尔斯基（Skidelsky）比较了“硬货币理论”和“软货币理论”，并讨论了从一种理论到另一种理论的各个历史转变。[3] 收紧或放松货币供给，当然是货币政策的一个基本问题；然而，这里讨论的货币拐点并不主要体现为观点和态度上的波动现实，而是针对一种特定支付手段上升到货币主导地位，及其随后的相对衰落甚至彻底消亡。

2　Galbraith (1995 [1975], chs. 7, 8, 19).

3　Skidelsky (2018, p. 39).

第二节 17 世纪 60 年代至 19 世纪 40 年代：无管制纸币的兴起 vs. 主权硬币系统重要性的初始衰落

前现代的货币是硬币，它的典型缺点是白银和黄金的长期短缺。从拉丁美洲涌入的金银并没有真正缓解硬币的短缺，这一现象被称为“西班牙白银通胀”。西班牙白银通胀始于 16 世
66 纪 50 年代，之后断断续续地存在了大约一百年，导致西班牙和其他受影响地区的物价持续上涨（尽管与 20 世纪的通货膨胀相比涨幅不大）。在此过程中，普遍缺乏货币的问题并没有得到解决。

囤积贵金属硬币的做法加剧了硬币的整体短缺，这些人通常秘密地将货币储藏起来，避免被征税人员发现。硬币的短缺和囤积导致了硬币贬值的反复出现，一种情况体现为采用未公开和欺诈的方式使硬币贬值，即以相同的面值重新铸造和重新发行，但白银含量较低。上一个硬币贬值加剧的时代是 17 世纪 30 年代的三十年战争期间，硬币贬值反过来又造成各种硬币的接受度不确定，进而导致“良”币和“劣”币之间的价值不稳定。

以上就是从 17 世纪 60 年代到 19 世纪 40 年代新型货币兴起的背景。总体而言，当时纸币泛滥，虽然白银和黄金仍占主导地位，但在过去几十年里，它们的系统重要性已经相对丧失。纸币为金银的天然稀缺、硬币囤积和铸币的周期性贬值提供了答案。纸币不一定是稀缺的，因为它可以被以任意数量书写或印刷。

虽然纸币可能部分受到了白银或黄金的保障，但它们不具有商品价值。不过在某种程度上，纸币之所以代替硬币被接受，是因为它们提供了充分的购买力。纸币通过取代传统商品货币体现

的纯粹象征性或信息性代币特征，开启了货币现代化的大门。这与凯恩斯的观点并不矛盾，他认为铸造的银币一直都是象征性的货币。然而，随着纸币的出现，现代货币开始脱离其传统的商品基础。

纸币的生产成本要低得多，处理起来也更方便，而关于硬币或金银块的开采、熔化、铸造和处理过程则繁琐且成本高昂。因此，纸币发行者的铸币税可以相对更高。用装在钱包里的纸币进行大额支付，比用装在腰带袋和保险箱里的硬币要方便得多。

然而，与欺诈性的硬币贬值相似，纸币也很容易被伪造。伪造纸币甚至成为了另一种战争方式，即作为对敌人货币的攻击。例如，英国实施的货币伪造加剧破坏了美国独立战争时期的纸币——大陆美元（continental dollar），以及法国大革命时期的纸 67
币——“指券”（assignat）。在 1943/1944 年，纳粹也曾试图这样做，当时他们强迫集中营里技能高超的囚犯伪造英镑纸币。然而，这种负面影响现在已经不那么重要了，因为大多数大宗交易早已不使用现金。

纸币由私人银行发行，这些银行通常由国王或地方公国授予特权，部分亦由银行家和贵族共同经营的发钞银行发行。经营这样一家银行需要获得政府或议会的许可，但具体运营业务仍然是私人性质的，并且基本上不受管制。典型的案例包括 1656/1661 年的斯德哥尔摩银行、1694 年的英格兰银行、1705 年的科隆 Gyro d’Affrancatione 银行，以及 1715 年由约翰·劳（John Law）经营、总部位于巴黎的通用银行（Banque Générale）。

此外，在该时期，也有皇室和贵族的国库使用自己发行的纸币，这是一种纯粹的“法定货币”，它通过政府开支的无债务方式发行，用于支付公共采购和工程以及公务员和军队的工资。这种纸币被当作银行券使用，它也可以用来纳税，从而有助于它们在本国得到更广泛的接受。然而，一般而言，从其他国家进口的货物无法必然通过本国法定货币进行支付。

与此同时，在北美殖民地，由于缺乏硬币，地方统治者发行了未受保障的“殖民券”（又称“colonial scrip”），以无债务方式分发给每一个纳税人，换言之，这种分发没有相应的利息和赎回机制。在大多数情况下，这种做法并没有引起通货膨胀，在少数情况下仅引发了小规模通胀。相反，这些纸币促进了当地的繁荣发展，但在 1751 年至 1773 年间受到了英国多部《货币法》的限制。美国人由这种招致经济受损的限制而产生的怨恨，可以被视为 1775 年发起独立战争的原因之一。从同一年开始，大陆会议发行无担保、无债务的纸币——“大陆美元”。这些纸币为 1775 年至 1783 年的独立战争提供了金融支持。

总的来说，当时的纸币是由国家发行的纸币、国家特许发行的私人纸币和纯粹的私人纸币混合而成的。这种具体的混合状态取决于国家和时间的差异，它们的共同点是基本上不受管制。即使是财政机构发行的纸币也不是“法偿货币”，后者是 19 世纪才出现的概念。除了对纸币发行授予许可之外，纸币制度没有一个
68 前后连贯的官方立场，尽管每个人都知道必须避免过度发行。由此看来，当时的美国统治者大体上在“太少”和“太多”之间成功取得了平衡。这并不适用于约翰·劳和他的牌友奥尔良公爵（Duc d’Orléans）领导下的通用银行所发行的纸币，也不适用于法国大革命期间发行的指券。

纸币大大增加了货币供应量，以支持商业时代日益增长的商

品生产和贸易。然而，由个别银行和地方公国发行的纸币，往往只在当地流通，其可信度参差不齐，这意味着人们对纸币的接受程度是多样的且总体上有限。一个相关的问题是纸币与银币的可兑换性，虽然这种兑换得到了承诺，但由于银币和银块的部分准备金基础，承诺没有一直得到兑现。缺乏公众的普遍接受，是整个 18 世纪乃至 19 世纪无管制纸币的致命弱点。纸币的接受程度参差不齐，这阻碍了国内市场和国际贸易的一体化发展。

此外，从一开始，发行纸币的便利性就吸引了银行家和某些财政机构过度发行纸币。这反过来又导致了不稳定的货币汇率和不稳定的购买力，以及银行危机和迄今为止未知的由过度投资和需求不足造成的“繁荣—萧条”周期。这种周期（后来被称为“商业周期”）发生在拿破仑战争以及 19 世纪 30/40 年代工业化得到广泛建立之后。

第三节 19 世纪 40 年代至 1910 年前后：国家央行发行纸币的兴起 vs. 无管制纸币的衰落

欧洲的第二次货币拐点发生在 1833/1844 年的英国，并持续了几十年，直到 1914 年第一次世界大战爆发。这一时期见证了各国央行纸币的兴起，以及各种无管制纸币的衰落乃至被逐渐淘汰。央行纸币被逐步引入，建立了至今仍存在的法偿纸币垄断地位。从无管制纸币到法偿纸币的转变持续了几十年，最终欧洲不再流通私人纸币，而国库券也只在很小程度上存在。

在这一时期，中央银行发行的纸币成为主要的货币类型。央 69

行纸币消除了无管制纸币接受度不一致、平价不稳定和购买力不稳定的问题。事实证明，央行纸币是一种实用的通用支付手段，其在任何地方都能被所有人接受。进一步看，央行纸币还是建立国家一体化经济的首选手段。

19世纪30年代至40年代的英国货币学派，在构建央行纸币垄断方面发挥了决定性的作用，他们反对当时支持私人货币的银行学派。央行纸币的法律基础是1833年的《英格兰银行法》（the Bank of England Act）和1844年的《银行特许法》（the Bank Charter Act）。在1867年的巴黎会议上，这两部法律成为大多数欧洲国家的参考基准。央行纸币仍然是纸币，但在货币类型上，它们代表了一种不同类型的货币——法偿货币，这反映了一个民族国家的货币主权，即由国家的中央银行根据法律授权发行。

不过，这里有一个陷阱——金本位制。英国的黄金投机者和货币学派的追随者批评私人银行，后来也批评英格兰银行过度发行纸币。在他们的坚持下，金本位制很快成为中央银行纸币制度的基础。金本位制旨在约束中央银行只能根据现有黄金储备发行纸币，以求通过这种方式人为地再现贵金属硬币的天然稀缺性。在很长一段时间里，人们都认为这是稳定之锚，甚至直到1944年在布雷顿森林体系确立美元的黄金支持地位时，人们都这么认为，而不认可凯恩斯主张的任何金本位制都是“野蛮的遗迹”这一观点。

事实上，金本位制被证明是一种“向后看”的保守障碍，这种制度无法满足当时人口增长、城市化、工业化以及国际贸易的广泛需求。金本位制具有潜在的通缩风险，这种制度会在资金调拨和收入分配方面造成不必要的瓶颈，并加剧贫困现象和社会阶级对立。

在美国，事情的发展一开始有所不同。在两次尝试建立一家有执照的私人中央银行失败后，林肯（Lincoln）总统任期内的美国财政部于 1862 年开始发行无保障的法偿纸币，以支付内战的费用，即至今仍著名的“绿钞”（greenback）。这一纸币机制，同样体现于南方联盟军发行的“灰钞”（greyback）。后来，虽然国库券也一次又一次地发行，但其发行量不断减少，直到这一特殊 70
主权货币的创造过程在 20 世纪 60 年代至 90 年代结束。自 1914 年以来，美国国库券与联邦储备券仍然是并列有效的法偿货币。美联储是在一群当时被称为“纽约国际银行家”的人倡议下成立的，它仍然是一个公司企业。然而，随着时间的推移，美联储最重要的职能——高层人事、货币政策和铸币税，都受到了公法的约束，并在财政部的积极参与下执行。因此，尽管制度和法律上的差异十分显著，美国和欧洲在货币发行制度上的最终发展结果是共向的。

第四节　19 世纪末至 2010 年前后：商行货币的兴起 vs. 央行纸币和准备金的衰落

第三次货币浪潮的拐点发生在 1900 年前后的几十年内，并一直持续到现在，我们生活在这个时期的末端。这一时期的标志是商行货币的兴起、现金和央行准备金的衰落。直到 2008 年银行业危机爆发时，商行货币的主导地位可能已经越过了巅峰时刻。

商行货币的兴起分为两个阶段，第一个阶段从1880年左右开始，当时正处于欧洲殖民主义和国际自由贸易的时期。这一时期以第一次世界大战和1929年以来的大萧条为标志而结束；第二个阶段随着第二次世界大战后的“经济奇迹”以及国际贸易和资本自由跨境流动的新扩张而出现。此外，紧随着的全球化时代很可能在21世纪前十年达到顶峰，这个时代包括冷战的结束和中国的崛起。

欧洲和北美的商行货币的M1比重最初从20%至30%左右上升到第一阶段的55%至60%左右，第二阶段则上升到当前的85%至97%。相反地，现金所占的比重从1870年的80%左右下降到1900年前后的60%，在20世纪20至60年代进一步下降到40%—45%，之后下降到目前的2%至10%。[4]

71 这种对商行货币有利的趋势变化，原因并不在于纸币垄断问题，而在于金本位制问题。在人口、工业商业强劲增长的情况下，金本位制所造成的人为货币短缺是一种极大的障碍。因此，金本位制在实践中不得不一再放松，甚至暂时停止。此外，一

4 虽然各国的数据在数量和时间上有所不同，但根据美国、英国、德国和瑞士央行及统计局的统计时间序列材料，其在结构上遵循同向路径。美国与其他国家的不同之处在于，美国的现金比重目前是M1的一半，即与商行货币势均力敌。这不具有可信度。在20世纪50年代和20世纪60年代的美国，现金所占的比重仅为M1的20%。但自那以来，随着美元作为世界主要货币的崛起，美元汇率稳步上升。因此，大多数美元纸币不在美国流通，而是作为“平行货币”在国外流通，并作为“地下货币”在世界范围内流通。自2015年左右以来，地下货币的这一部分越来越多地被比特币和其他加密货币所取代。自那以后，美元纸币的存量一直在下降。与此同时，美国非现金货币的比例比表面上要高得多：一方面，由于M2余额的可用性，M1和M2（包括储蓄和定期存款）之间的界限变得模糊，因此后者更受青睐；另一方面，M1中的活期存款部分被货币市场基金所取代和覆盖，其最高可达M1的2.4倍。

定数量的国家政府债券也被视作黄金保障范围，这没有引发太多争议。

更重要的是，作为现金的替代品和绕过金本位限制的一种方式，银行部门创造了账面货币的可能性，即通过转移非银行主体的账户余额和银行间清算债权债务来实现非现金支付。作为一种普遍的支付手段，商行货币在 1900 年前后出现了。银行的货币信用理论可以追溯至 19 世纪 90 年代。[5] 在 20 世纪 20/30 年代，非现金支付作为“支票簿”经济更为广泛地传播开来。支票簿已经存在了很长一段时间，但它并不是随着商行货币的兴起才被大规模使用的。

清算账户余额机制的实践，可以追溯到中世纪晚期的意大利银行。然而，这种做法在当时仅限于银行和特定商业场所；直到 19 世纪下半叶，这种机制才得以广泛扩展，进而大为强化了商行货币的作用。在 19 世纪早期的纸币改革中，流动性存款作为一种支付方式被转移，仍未受到重视。在此情况下，客户账户余额在银行间的清算在当时便成为了一种通用的支付方式，而商行货币则可以作为一种新兴的货币替代品，被越来越多的公司、私人和公共参与者使用，最终几乎被所有人使用。中央银行自身也对
这一发展作出了贡献，它们通过商业银行开设的央行账户执行银 72
行间的非现金支付。

在整个 19 世纪和 20 世纪，从邮政服务、电报和电话，到计算器和制表机，再到电子计算机和互联网，电信和数据处理的持续创新助力于非现金支付的实践。无论如何，在批发银行业务

5　参见 Ingham (2004), Foundations in Macleod (1889), Withers (1909) and Hawtrey (1919), Schumpeter (1934 [1911], p. 110)。

中，非现金支付比现金支付更方便、更便宜，尤其是在涉及大量支付或大笔支付的情况下。商行货币本质上是对客户账户的资金进出实施记录，它比纸币的供给和处理更容易、更便宜。从货币使用者的角度看，商行货币也具有便利方面的优势。存储和使用商行货币也比纸币或硬币更安全，因为账户余额无法像纸币一样被伪造。在技术和货币效率方面，现金无法与基于技术的非现金支付实践竞争。因此，自 20 世纪 60/70 年代以来，商行货币最终崛起，成为整个体系的主导力量。

商行货币的广泛普及，对终结金本位制作出了重大贡献。商行货币的需求不断增长，原因主要在于两次世界大战的融资需求，以及 20 世纪 30 年代的经济刺激计划；与此同时，金本位制被更频繁地暂停实施。继金本位制之后，1944 年，布雷顿森林会议商定了与黄金挂钩的美元本位制。但这一标准刚被采纳不久，就因 1950 年至 1953 年的朝鲜战争和 1965 年至 1975 年的越南战争被再次弱化。1971 年，美国总统尼克松（Nixon）取消了美元与黄金的挂钩，金本位制彻底终结。

从那时起，“美国国债标准”在事实上出现了，[6] 它引发了自 1980 年左右以来更大规模的货币扩张。这当然促进了经济的持续增长，以及民众生活水平的不断提高；但不利的一面除了类似于 18 世纪无管制纸币的过度发行，还体现在更大范围内的金融资产和债务的过度活跃。商行货币的扩张伴随着 1980 年左右的高通胀，之后是通货紧缩和强劲的资产通胀，从而进一步强化了金融脆弱性。

---

6 Hudson (2003 [1972], p. 377).

第五节　21世纪20年代：数字代币（特别是央行数字货币）的兴起 73

目前，商行货币已经完成了其货币主导地位的提升，甚至达到了“准国家”地位。与商行货币机制有关的一些问题，前几章中已作出了相应的说明。由于现金和操作所需央行准备金的减少，货币政策的数量杠杆缩短，这导致了货币政策的有效性下降，进而提出了货币体系是否仍然可治理的问题。显而易见的是，中央银行无法遏制商行货币机制容易引发危机的过度活跃；相反，它们感到有必要充当银行业的辅助机构，在任何情况下，尤其是在自身造成危机的时候，满足商业银行对部分再融资的需求。只要商行货币机制继续存在、商行货币仍然占主导地位，这种不幸的局面就不可能从根本上改变。

与此同时，新型货币替代品正在出现。除了货币市场基金和电子货币外，这些替代品主要是数字货币，一方面是私人发行的无保障型加密货币，以及受商行货币或证券支持的稳定币，另一方面是央行数字货币。在央行数字货币增长到决定性数量的前提下，有效的货币政策将再度成为可能。此外，数字货币发行者通常承诺实现更高效、更便宜、更方便的支付交易，以及与可编程性相关的深入长期创新。

因此，对货币供给实施再一次历史性重组的先决条件已经具备，而且有迹象表明，这一过程已经开始。虽然这不会是一场革命，但仍然是货币供应总量构成的结构性趋势变化，包括对所涉货币和金融发行方（商业银行、影子银行、中央银行和政府）的重新安排，其特征和范围与之前划时代的货币拐点相似。

数字货币的传播速度有多快、范围有多广，商行货币能持续多久、扩散多远，取决于诸多条件，其中包括拟实施的央行数字
74 货币设计原则，以及政治经济范式的重大变化。根据认识论学者库恩（Th. Kuhn）的观点，范式的转变几乎不会通过改变“现任者的信念”而发生，而是通过一种“生物学方式”而发生，这种方式指向了一个与先前货币拐点相当的时间范围。

参考文献：

1. Aliber, Robert Z., and Charles P. Kindleberger. 2015 [1978]. Manias, Panics, and Crashes. A History of Financial Crises, New York: Basic Books. 7th edition.
2. Davies, Glyn. 2013. A History of Money. Cardiff: University of Wales Press.
3. Ferguson, Niall. 2008. The Ascent of Money. A Financial History of the World, London/New York: Allen Lane.
4. Galbraith, John Kenneth. 1995 [1975]. Money. Whence it Came, Where it Went, New York: Houghton Mifflin, 1st ed. 1975.
5. Graeber, David. 2012. Debt. The First 5,000 Years, New York: Melville House Publishing.
6. Hawtrey, Ralph G. 1919. Currency and Credit. London: Longmans, Green & Co.
7. Hixson, William F. 1993. Triumph of the Bankers. Money and Banking in the Eighteenth and Nineteenth Centuries, Westport, Conn./London: Praeger.
8. Hudson, Michael. 2003 [1972]. Super Imperialism. The Origin and Fundamentals of U.S. World Dominance, new edition, London: Pluto Press.
9. Huerta de Soto, Jesús. 2009. Money, Bank Credit, and Economic Cycles, Auburn, Al: Ludwig von Mises Institute, 2nd edition (1st 2006).
10. Ingham, Geoffrey. 2004. The Emergence of Capitalist Credit Money, In: Wray, L. R. (ed.) 2004, 173–222.
11. Kindleberger, Charles P., and Jean-Pierre Laffargue (Eds). 1982. Financial Crises. Theory, History, and Policy, Cambridge University Press.
12. Macleod, Henry Dunning. 1889. The Theory of Credit. London: Longmans,

Green & Co.

13. O'Brien, Denis Patrick. 1994. Foundations of Monetary Economics, Vol. IV — The Currency School, Vol. V — The Banking School, London: William Pickering.
14. O'Brien, Denis Patrick. 2007. The Development of Monetary Economics. Cheltenham: Edward Elgar.
15. Schumpeter, Joseph A. 1934 [1911]. The Theory of Economic Development. An Inquiry into Profits, Capital, Credit, Interest, and the Business Cycle, Harvard Economics Studies No. 46.
16. Siekmann, Helmut. 2016. Deposit Banking and the Use of Monetary Instruments, in D.Fox/W.Ernst (eds). Money in the Western Legal Tradition. Middle Ages to Bretton Woods, Oxford University Press, 489–531.
17. Simmel, Georg. 2004 [1900]. Philosophy of Money, ed. by David Frisby, 75
London: Routledge.
18. Skidelsky, Robert. 2018. Money and Government: The Past and Future of Economics. New Haven/London: Yale University Press.
19. Withers, Hartley. 1909. The Meaning of Money. London: Smith, Elder & Co.
20. Zarlenga, Stephen A. 2002. The Lost Science of Money—the Mythos of Money, the Story of Power, Valatie, NY: American Monetary Institute.

77 第六章

当前的货币供给重组

第一节　货币的未来是数字化的

用技术术语来说，新时代与货币数字化相关。数字货币是任何以电子方式处理、体现为二进制数字形式的可转让货币单位。直到几年前，数字货币还仅仅指代加密货币，它们的出现引发了围绕“数字”的炒作。同时，该术语也可以指基于账户的账面货币，以及电子货币或移动货币。事实上，现在几乎所有的东西都被数字化和电子化处理了，进而带来了误解，即数字货币、电子货币等术语的使用相当模糊，特别是商行货币和央行准备金也被认为是数字化的。

为了避免误解，账面货币之一——传统的央行准备金作为可以在中央银行进行转移的账户余额，在此处不被称为数字货币。这同样适用于同属账面货币、以银行账户余额形式存在的商行货币。相比之下，数字货币应该被理解为一种采用“数字代币”技术的支付手段。这些代币通过电子钱包接收、存储和支付，它们也可以被理解为一种属于不记名工具的“数字现金”。首先，数字代币完全由持有者拥有，而不是由商业银行或其他机构所有或者以信托方式持有。其次，数字代币的转移是点对点的，即直接

从付款人到收款人。使用数字代币的交易绕过了商业银行和其他 78
涉及账面货币支付的支付服务提供商的中介支付处理。即使中央银行和作为支付服务提供商的商业银行所运营的支付基础设施，可能在央行数字货币的转移中发挥技术性功能，但也只涉及央行货币，而商行货币不再牵涉其中。

与现金不同，数字货币可以在线上从任何地方转移到另一个地方，其中大多数可以跨越国界和货币区。此外，数字代币是可编程的，这与所谓的“智能合约”相关联，进而有望成为真正具有创新性和突破性的功能。[1]

数字代币的交易历史会被记录，并存储在系统数据库中。就央行数字货币而言，包括数据库在内的系统（可以是区块链或另一种交易与存储系统）由中央银行提供和维护。在日常交易过程中，个人电子钱包可以访问数据库。此外，该系统可以设计为集中式或多中心式；在任何情况下，它都必须保持机密性，但如果需要，还必须保证可追溯性。

如果央行数字货币的数据库是区块链，则该系统独立于商业银行或其他金融参与者而运行。同样，商业银行和支付服务提供商将使用各自的央行数字货币系统，该系统要么开展自营业务，要么在获得授权的情况下为客户提供服务，例如货币兑换、向客户借入数字货币、向客户提供数字货币贷款或执行客户的投资指令。如果该系统采用区块链之外的更传统技术，商业银行和支付服务提供商便可以成为系统的一部分，以充当支付中介，尽管他们的角色不是转移商行货币，而是转移客户的数字代币。

1　OMFIF/IBM (2019, pp. 7, 26), Dt. Bundesbank (2020, 2021, p. 65).

数字货币目前仍处于发展的早期阶段，在某些方面可能很快就会过时。然而，货币的“数字代币化”将继续存在，进一步看，现在已经有了不同类型的代币。例如，加密货币的代表——比特币使用的代币是固定且不可分割的，这相当于100欧元的纸币不能（直接）变成75欧元的纸币。当进行支付时，相关的代币将被删除或标记为“已花费”，并创建两个新的“未花费”代币，其中一个为接收方的75单位代币，另一个为付款方的25单位代币。
79 位代币。[2]这便可以防范“双重花费”，即使用相同的硬币副本花费相同金额的不利后果。

诸如以太币、瑞波币（Ripple）等其他加密货币产品，也可以被适当地设置具体面额。这些加密货币使用了一种特殊的账户系统，用户可以通过该系统实时结算流入和流出的资金。总体而言，比特币所依托的区块链被称为“基于代币”（token-based）解决方案，而以太币和瑞波币所依托的区块链则被称为“基于账户”（account-based）解决方案。然而，如果应用于央行数字货币，“基于账户”这一解决方案不能直接容纳传统的央行交易账户，即不是账面货币账户，而是包含央行数字货币的区块链账户，它在技术上与传统以央行准备金的形式体现的央行账面货币存在差异。

当前的加密货币是区块链系统，这种系统由分布式支付网络的计算机节点组成，相关节点共享由其维护和同步的系统数据库的相同副本。其中，这种系统数据库充当了记录正在发生的支付交易的分类账或日志（即分布式账本技术，distributed ledger

2 Zellweger-Gutknecht (2021, p. 34).

technology）。相互验证或已验证的交易会按照时间顺序存储，其在生成的区块链中代表了最终结算的效力。换言之，代表记账日志的分布式数据库以分布式区块链的形式而存在。

分布式数据库的决定性因素是它所包含的协议。特别是对于央行数字货币而言，有一些发行运营机制可以在没有区块链的情况下运作，技术效率和成本、法律方面和政策偏好在这一技术选择问题中发挥着作用。目前还无法预见的是，区块链最终将会带来何种样貌的数字货币和支付系统。

区块链的一个基本问题，涉及“非许可型”（non-permissioned）与“许可型”（permissioned）网络，即开放式公共网络与封闭式私有网络之间的区别。非许可 / 开放型网络通常与去中心化、匿名等概念相关联，而访问许可型或封闭式系统必须经过授权，后者更有可能与集中化或多中心、可控性和非匿名性等方面相关联，同时仍能确保机密性。

数字代币不仅适用于货币和支付，而且基本上适用于任何类型的文件，例如契约、地籍簿、专利、技术标准或时间表的管
理。三种类型的代币已经在使用中：（1）通用支付手段；（2）开 *80*
放某些商品或服务使用权限的特殊用途代币（即“效用型代币”，utility token）；（3）在区块链上管理任何证券类型的金融证券代币。[3]

不同的应用程序也可以相互连接。通过这种方式，数字代币可用于可编程货币和自动支付处理。[4] 可编程货币包括为特定用户

3　Howell et al. (2020).

4　Slack (2022), Seidemann (2021), Dt. Bundesbank (2020), Dt. Bank (2020, parts II + III). OMFIF/IBM (2019, pp. 7, 26).

群体和目的进行标记的可能性，这种标记包括固定数量、有限或可变数量、遵守截止日期等。当然，被标记的货币有其局限性，例如将货币与特定的目的和期限捆绑在一起，可能会导致货币使用的不灵活和低效率，公共预算经常出现这种情况。为了使货币最佳地履行其作为支付手段的职能，所有收入必须可用于支付各种支出。

可编程支付的潜在应用范围，远远超出了目前商业银行可以执行的常规指令。可编程支付可以自动与预定义的条件或事件相连接，并由预定义条件或事件的实现触发。与可编程支付相关的自动化交易可能涉及设备、机器、车辆、基础设施等，特别是物联网中的机器对机器、按使用付费。例如，你在超市购物，只要拿着你需要的东西然后再走出去，商品的登记、支付以及超市库存的及时补充都是根据相关联的算法自动完成的。原则上，账面货币已经可以实现这一点，但使用数字货币将更容易实现。

相较于以前的商行货币和现金，数字货币的优势还包括更容易和更安全的使用，以及更快的转账和更低的成本。这些优点中的一个或另一个在某些情况下显然是正确的，但不是全面的。[5]就支付速度而言，商业银行和支付服务提供商并没有错过一些新技术的发展，例如现在可以在货币区内将存款实时转账。在不太遥远的将来，跨境转账也可以实现这一点。因此，瑞波币和其他被
81 用作跨境转账工具的加密货币，可能会失去它们在这方面的竞争优势。

脸书计划在 2018/2019 年推出的稳定币 Libra/Diem，据称每

5 参见 Cunha et al. (2021, p. 4)。

秒可以处理 1000 笔交易（即 1000 个 tps）。然而，不同加密货币的实际表现往往差别很大。据报道，比特币大约有 4 至 7 个 tps，以太坊（即以太币的区块链）直到最近才有 15 个 tps；由于以太坊的共识机制从工作量证明转向权益证明，这一数字翻了一番。[6] 在此情况下，取决于交易密度的交易成本可能很高，有时甚至高于银行转账。

基于 4 至 7 个 tps 速度再加上高昂的成本，比特币这一类型的加密货币作为通用支付手段并不具有竞争力。自 2016/2017 年以来，比特币社区已经分裂成不同的子货币类型，或基于比特币开展更进一步的技术突破。一个有争议的问题是比特币的内置数量限制——更广泛地说是可扩展性问题，即可能增加的 tps 数量或可能产生的硬币数量是否可以增加。显然，这只能通过牺牲计算机节点和区块链系统的绝对去中心化和“分布式”来实现。在这种背景下创设的“闪电网络”（Lightning Network）声称，整个网络每秒可以实现数百万到数十亿笔交易的即时支付。[7] 然而，这包括部分非区块链的计算，即通过传统的银行计算机系统在付款人和收款人之间充当可信的第三方，因此与传统中心化支付不存在显著差异。

与比特币和较早版本的以太坊相比，传统的账户余额转账仍然具有竞争力。例如，PayPal 平均有 190 至 200 个 tps；维萨（Visa）和万事达（MasterCard）更多，可以达到 1700 至 2000 个 tps。在欧元区，欧洲央行的 TARGET2/TIPS 系统可以达到 6000

6　Ethereum.org/en/upgrades/merge. The Economist, 22 January 2022, 66; 1 January 2022, 55.

7　Lightning.network.

至 10000 个 tps。[8] 中国人民银行发布的报告称，目前其央行数字货币（即数字人民币）的容量为 10000 个 tps。数字人民币不使
82 用区块链，而是与代币化的传统中央银行余额一起使用。“GNU Taler”是一个新开发的无需区块链的系统，该系统可以匿名传输数字代币，其吞吐量为 28500 个 tps。[9]

国际清算银行（Bank for International Settlements）与中国、泰国和阿联酋等的中央银行，共同开发了一种基于以太坊超级账本“Besu”的跨境支付区块链。基于该区块链，转账可以在几秒钟内完成，而不是像银行转账那样需要耗时多日。成本已削减了一半。[10] 速度与货币有直接的关系，因为更快的货币流通与以固定的使用频率增加货币存量具有相同的效果。

在环境方面，加密货币被认为过度消耗了能源和二氧化碳。[11] 这在多大程度上是正确的，仍有待进一步说明。如果有人说，比特币每年 205 亿千瓦时的电力需求像泰国一样，碳足迹数额像科威特一样，这可以说明什么？比特币不是一个国家的事业。目前全球年用电量为 18 万亿千瓦时，而比特币的用电量只占到了其中的 0.11%，这是多还是少？

中国在 2021 年的一项研究得出结论，到 2024 年，比特币将成为实现该国气候目标的“不可忽视障碍”。[12] 当时，全球 70% 的代币开采发生在中国。不过，为什么只有比特币而不是其他行

8 Kumar (2022), Mathew (2018), Tapscott and Tapscott (2016), Heasman (2019), van Hee and Wijngaard (2021, p. 54).

9 Summer and Hermanky (2022), Chaum et al. (2021).

10 Bloomberg News, 28 September 2021, Reuters, 28 September 2021.

11 Reiff (2022).

12 Guan and Wang (2021).

业呢？其他金融和服务行业的能源消耗和碳足迹数额是什么呢？政府是否在为 2021 年 9 月禁止所有比特币交易寻找依据？从那以后，比特币挖矿的大部分业务转移到了北美。[13]

另一项比较表明，比特币每年产生的温室气体排放量不到银行部门的 10%。[14] 如何将比特币的规模与银行部门的规模进行比较？也许是通过交易的数量。据推测，目前所有银行交易的数量仍然比比特币交易高出几个数量级。这样看来，比特币的“低于 10%”看起来相当糟糕。

北美和冰岛的加密货币矿机运作，现在已经更多地使用有助 83
于气候中和的水电、风能和地热能。[15] 只要比特币及其同类产品主要被用作金融赌场或地下经济和政治的代币，其引发的成本和环境问题可能就不会引起太大的关注。但是，如果一种数字货币要成为常规和通用的支付手段，成本效率与合理稳定的购买力仍然具有决定性意义。

最初的加密社区将去中心化和匿名性的原则，变成了一种极端自由主义的意识形态。在某种程度上，这看起来像是将电话运行呈现为一种分散的技术。然而，电信公司运营着庞大的网络。电话是在个人之间进行的，但同时又是多中心和分层组织的，分布式账本或区块链网络在这方面没有太大区别。一般而言，所有的过程都可以在技术上进行回溯。验证比特币交易的计算能力由许多大型节点——矿工所主导。

比特币的特征一方面体现为中心化、速度快、资源消耗少、

13　Cuen (2021), Reiff (2022).

14　Elmandjra (2021).

15　Cuen (2021), The Economist, 10 April 2021, p. 60.

成本低，另一方面体现为去中心化、效率低、资源消耗多、成本高，两方之间似乎存在一种权衡。交易数量越多，维持效率的压力就越大，随之而来的是集成和中心化的趋势。这大大减少了验证交易的计算工作量，从而也降低了成本、能源消耗及其碳排放量。因此，未来的数字代币支付系统可能是多中心化而非完全去中心化的；这样一来，活跃的计算节点更少，但更为强大。

有些方法有望将效率、匿名性和个案可验证性结合起来，例如在所谓的“专用计算云”（computing cloud），即一个由个人电子钱包组成、匿名资金支付无需区块链便可进行的网络，其中的数字代币和系统软件来自中央银行，而计算机系统也可以由中央银行或代表中央银行的主体进行操作并在其控制之下。[16] 区块链技术的其他替代方案包括作为智能手机应用程序、使用盲签名的“eCash”软件和“GNU Taler”软件，它们被认为是高度安全
84 的。[17] 区块链技术是目前最先进的技术，但它绝不是数字货币的唯一未来。

最终，去中心化金融可能没有想象的那么去中心化，就像用户身份（ID）可能没有想象中那么具有匿名性一样。所有的电子数据传输都会留下可以被授权机构追踪的数据轨迹，区块链也不例外。就像对商行货币交易的调查，在很大程度上取决于商业银行和支付服务提供商的合作意愿一样，对加密货币的调查也取决于计算机节点运营商和相关交易平台及其管辖地的意愿。

就数字代币和支付的安全性而言，人们必须相信“大数定律”（law of large numbers）。世界上没有绝对的安全，少数商业银

16 参见 van Hee and Wijngaard (2021)。

17 参见 Chaum et al. (2021), Summer and Hermanky (2022)。

行也会出现转账问题。事实证明，银行业的信息基础设施和加密交易平台很容易受到黑客攻击，数十亿美元就这样被偷走了。在萨尔瓦多，比特币于2021年9月被宣布作为法偿货币，但在有关违法行为的报道出现之后，比特币几乎没有被公众所接受。[18]

针对账面货币的操作安全问题，银行部门采取了更加繁琐的安全防范措施，但这却破坏了网上银行业务的便捷性。以前，账户管理工作由商业银行来完成，而网上银行则将这项工作交给了客户。有了数字货币，这种情况也会马上出现。

货币的数字化引发了新问题或传统货币便已存在的旧问题，特别是与金融隐私相关的治理难题。例如，货币与金融的数字化，与自由和隐私兼容吗？对于当前的账面货币而言，数据保护、用户身份和支付的保密性已经成为一个重要的问题。在“数字支付交易”中，这方面的保护性立法必须比受到信息技术支持的“账面货币交易”得到更进一步的发展。

“老大哥”不再是一个牵强附会的反乌托邦，而是与“美丽新世界”中的某些元素相结合、非现实但仍很有可能实现的场景，尤其是对于专制和压迫型政权而言。经济和社会的普遍数字化为监视提供了可能性，这是以前法西斯独裁统治下的特务机构 85
几乎无法想象的。包括私人领域和私人金融在内，对公共空间和工作空间中的个人行为进行非侵入性的社会监测，在技术上是可行的。数字化社会监控可以与社会信用体系相结合，奖励循规蹈矩的行为、惩罚离经叛道的行为。如果获得法律许可，奖励和惩罚也可以被融入数字钱包的使用过程，例如，阻止购买某些商品

18　Brigida and Schwartz (2022).

或阻碍某些服务和基础设施的支付使用。

在以公民权利和自由为基础的法治前提下，非侵入性数字监控的可能性将不存在，这一假设十分天真。人们应该假设的是，这种做法的实施在法律上仅限于个体和私人非监视规则的明确例外情形。在任何自由法治下，金融隐私都将享有高度优先权。一个人会按照一定标准生活，但永远也无法使相应的问题消失。现代社会对电信、计算机化和数字化的依赖，就像对自然资源、电力、长途运输、外部供给等的依赖一样存在弊端。这种存在弊端的依赖，正是正在进行的现代化带来的好处或优势的另一侧面。如何寻求切实可行和可持续的利益平衡，仍然是一项永久的挑战。

第二节　各类货币的前景概览

本书开头介绍的货币分类描述了当前货币拐点的初始情况。进一步看，关于新的第三层货币替代品和基础货币挑战者，情况则更为复杂。这在复杂系统演化的结构变化中并非不典型，当一个先前的“星座”接近尾声时，一个新的“星座”便从中出现。在各种类型的货币，特别是数字货币和账面货币之间即将到来的竞争中，相关的发展和冲突路径相当清晰：

86
- 央行数字货币和私人数字货币（无论是无担保型加密货币还是稳定币），都在竞相取代商行货币，以成为系统上占主导地位的货币类型。
- 央行数字货币最有希望从竞争中脱颖而出，成为新的主导货币类型。更准确地说，这类央行数字货币来自稳定的、在金融和经济方面发挥一定作用的民族国家，例如欧盟、欧洲货币联盟等民族国家共同体。从技术上讲，代币化的央行数字货币可以实施私人数字代币所能实施的一切；不过，与私人货币相比，各国的央行数字货币在存量安全性、有效性和价值方面更能得到保障，此外还可以作为国际储备货币而被持有。最后，主权国家的货币体现了相关民族国家的充分信心和信用支持；虽然这只是一个具有相对性的因素，但在与国内私人支付手段的竞争中可能具有决定性。

- 除了央行数字货币，私人加密货币似乎还有进一步的发展潜力。然而，由于未受保障或担保，它们很难被普遍接受为经常性的通用支付手段；在不确定性增加的困难时期，这一点尤为显著。这同样适用于总量有限的比特币，其作为类货币的外汇型投资工具的功能可以进一步扩展到何种程度还有待观察。
- 稳定币似乎比无担保型加密货币有更好的前景，但前提是它们受到了合理、可信赖的货币和现金等价物的 1∶1 保障。如果保障的很大一部分由央行数字货币和其他作为官方本位货币的基础货币组成，那么我们也可以期待稳定币会得到当局的更多善意。
- 商行货币与央行数字货币、私人数字货币开展竞争，以维护其先前的地位。商行货币在当前仍然占据主导地位，并将持续更长的时间，但鉴于央行数字货币、稳定币和其他加密货币的技术或成本优势，其重要性可能逐渐下降。

- 随着时间的推移，央行准备金将与商行货币共同衰落，或者在更早的时期被央行数字货币取代。
- 实物现金不再扮演系统决定性的角色，它迟早会被废弃。

下面几节内容将详细探讨前述观点。

87 第三节　央行数字货币开始崛起

如果对货币拐点的分析基本上是正确的，那么根据当前发展的逻辑，央行数字货币正在崛起，其有望成为新的系统主导货币类型。典型情况在于，既有主导货币造成了在给定框架内无法克服的严重问题，而前景光明的替代性货币正在出现。这种情况与18—19 世纪的情况相似，当时欧洲的私人纸币和财政机构发行的纸币功能失调，进而被中央银行垄断发行的受管制纸币所取代。同样，尽管我们处于一个更为复杂的发展阶段，但当前的任务是通过一种新型主权货币，控制商行货币、新型货币替代品及其金融行为。其中，在技术方面，涉及用数字货币取代以往的账面货币；另一方面则涉及商业银行、影子银行与中央银行之间关系的相应制度重构。因此，货币的未来可以预期是数字化和主权化的。

在这一过程中，中央银行在一定程度上正在恢复其曾经达到，但却被商行货币机制在 20 世纪中叶所颠覆的地位——行使国家货币主权的权威机构，这种权力类似于立法权、行政权和司法权的货币权力。这一机构仍然可以被称为中央银行，即一个国家或国家共同体的货币当局，但其不再仅仅是“银行的银行”，更是为整个经济、金融和实体经济产业、个体和公众提供货币支持的“国家的银行”，而不是具有财政、信贷和资本市场功能的一般性金融机构。相关内容将在最后一章（中央银行与货币政策的作用）进行更详细的讨论。

中央银行角色转变的简短铺垫，为即将到来的货币拐点开辟了前景。正如货币主权、私人商行货币的准国家地位相关章节所讨论的那样，这一拐点涉及恢复国家货币主权作为一种具有宪法重要性的特权。

如果这种变化不是朝着捍卫和复兴主权货币特权的方向发展，那么当前意义上的货币政策将很快不复存在。在现有的商行货币机制下，可能仍会有人主张建立一种“国家通货”（记账单位），但“货币”主权早已让渡于银行部门。私人加密货币的出现让央行行长、政界人士和公众对货币主权的重要性有了新的认 88
识，这当然是值得赞赏的。然而，这种观点似乎还未深入涉及该层内容——在没有主权货币的主导基础情况下，国家通货单位的主权只是一个空壳。当脸书的超国家私人稳定币——Libra 计划被确定视为对货币主权的威胁，而传统商行货币的威胁现实却被忽视时，官方或社会公众的立场便出现了失衡。

为了能够履行作为“货币守护者”的职责，各国中央银行必须重新获得有效的货币控制权。中央银行可以通过利率政策或数量型政策来做到这一点，只要在公共循环（即超出银行间的央行准备金流通范围）中有足够大的央行货币数量杠杆。这个数量杠杆要多大才能有效，显然还没有相应的研究成果。表面上现金减少的经验表明，这一杠杆必须达到公共流通货币的一半左右，甚至更多。

无论如何，作为安全存量的央行货币所占比重越大，本质上不安全、容易发生危机的商行货币以及基于商行货币的第三层新货币替代品所占比重就越小。在此前提下，央行货币再次成为事实上的主要货币基础，货币政策重新获得了有效的传导杠杆，从而使中央银行对货币创造有了更多的控制，并可以对货币存量进行灵活调整。

2014 年，中国人民银行成立了首个央行数字货币研究小组。2015 年，时任美国圣路易斯联储银行（Federal Reserve of St. Louis）副行长的安多尔法托（D. Andolfatto）公开提出了“联邦币”（Fedcoin）方案，这是一种政府加密货币，更是“人人都可以使用的联邦币”。[19] 从 2016 年开始，许多中央银行开始关注央行数字货币的潜力，尤其是瑞典和英国央行（瑞典央行的数字货币项目名为“E-krona”）。[20] 作为一家国际央行机构，国际清算银行近年来持续支持各国央行数字货币的研发。[21]

89 在官方涉足央行数字货币之前，国际货币改革运动的发起人已经提出了主权货币改革的概念，即用央行货币取代商行货币。[22] 在这种情况下，一种针对“安全账户”（safe account）的特殊方法，

19 Andolfatto (2015), Koning (2014).

20 Danezis and Meiklejohn (2016), Zitter (2016), Broadbent (2016), Barrdear and Kumhof (2016, pp. 3–18), Sveriges Riksbank (2017, 2018a, 2018b).

21 BIS (2015, 2018, 2019, 2020, 2021), Bech and Garratt (2017), Boar et al. (2020).

22 Huber and Robertson (2000), AMI (2010), AfJM (2021), Yamaguchi (2014), Kotlikoff (2010), Positive Money (2011), Benes and Kumhof (2012), Jackson and Dyson (2013), Sigurjonsson (2015), Of late Omarova (2021). 与国际货币改革运动（International Movement for Monetary Reform）有关联的各组织已经制定了各自的主权货币改革方案，其中一些方案针对具体国家。参见 internationalmoneyreform.org/members。

即直接或间接地令非银行主体开立央行交易账户被提了出来。[23] 科特利科夫（L. Kotlikoff）提出了“有限目的银行”（limited-purpose banking），这种银行是狭义银行的一种特殊形式。对于该银行而言，所有支付应通过全额保障的“现金共同基金”支付，并与其他所有基金类型相分离。[24] 除此之外，20 世纪 30 年代起出现的“100% 准备金银行”设想也经历了一定程度的复兴。[25]

在 2011 年开始、在瑞士引入主权货币体系的全民公决准备阶段，瑞士国家银行研究中心主任尼佩尔特（D. Niepelt）反对结束商行货币的特权，但赞成将央行货币引入公共循环，即把“为每个人准备的央行准备金”置于商行货币机制的类别中。[26] 此外，前述央行数字货币视角下的中央银行概念，将与继续存在的商行货币共存和竞争。目前，央行数字货币路径已经主导了整个货币改革的话语体系。[27]

尽管如此，各国央行在央行数字货币问题上仍存在一定分歧，进而造成研发进展较为缓慢。对于老牌工业国家而言，发达的商业银行和支付基础设施早已出现，几乎所有的家庭都有银行账户。特别是自 20 世纪 90 年代设立 RTGS 支付系统（用于银行间的央行准备金转移）以来，人们倾向于认为可靠的、安全的最

23　Mayer (2013), Andresen (2014, 2019), Wortmann (2019).

24　Kotlikoff (2010, pp. 123).

25　基础性观点可参见 Allais (1988), Gomez (2010), Phillips (1995), Kay (2009, 2015)。

26　Niepelt (2015), Schemmann (2012), Andresen (2014, 2019).

27　Dyson and Hodgson (2016), Bech and Garratt (2017), Kumhof and Noone (2018, pp. 4–22, 35–37), Ingves (2018), Dyson and Meaning (2018), Meaning et al. (2018), IMF (2018), Mayer (2019), Niepelt (2018, 2021a). 学术界的支持观点可参见 Bordo and Levin (2017, 2019), Bordo (2018), Eichengreen (2017), Prasad (2021)。

90 终结算系统已经创设完毕，这就是一些人认为不需要央行数字货币的原因。RTGS 系统无疑是由商业银行和中央银行所构成的传统两层账面货币体系的进步，但它不涉及许多基本问题，包括系统中的货币从哪里来、如何来，谁何时以及出于何种目的，将多少或何种类型的货币投入流通或从流通中提取货币等。

直到 2020 年左右，央行数字货币计划才取得了总体突破。目前，国际货币基金组织（IMF）190 个成员国中，约有 130 个国家的中央银行加入了这一行列。现在的问题不再是是否会发行央行数字货币，而是如何以及何时会发行。[28] 有两个事件推动了这列“火车”的运行。第一件事是脸书于 2019 年提出的全球稳定币——Libra 稳定币项目。在很短的时间内，政府官员和各类专家都认为国家的货币主权受到了威胁。第二件事是中国人民银行决定在 2022 年冬奥会之际，在包括首都在内的 23 个城市开始试点数字人民币（e-CNY）。

值得注意的是，在此之前，美联储对央行数字货币持保守态度，不愿表明自身的立场。[29] 然而，在 2022 年 3 月，总统拜登（Biden）发布了一项行政命令，将研究和开发数字美元列入“最高紧迫性”事项。[30] 美国财政部长、前美联储主席耶伦（J. Yellen）再次强调了数字美元的必要性，尤其是考虑到加密货币的浪潮。[31]

28 Cunha et al. (2021, p. 8), PwC Switzerland (2021), Smith (2021), Federal Reserve of the U.S. (2022), Dt. Bank (2020), Dt. Bundesbank (2020, 2021), Boar et al. (2020), BIS (2020), Bank of England (2020), OMFIF/IBM (2019), OMFIF (2020), ECB (2020b).

29 Smialek (2021).

30 www.washingtonpost.com/opinions/2022/03/13/us-should-not-rush-into-digital-dollar, by the Editorial Board, as of 19 October 2022.

31 Braun (2022a).

正处于第二个任期的美联储主席鲍威尔（J. Powell）认为，数字美元是“我们真正需要探索的事物……关于央行数字货币的一个问题是，我们是否希望一种私人稳定币最终成为数字美元？我认为答案是否定的……如果我们将拥有数字美元，它应该是政府担保的货币，而不是私人货币”。[32] 与耶伦和鲍威尔形成鲜明对比的是，作为美联储理事会成员的沃勒（Chr. Waller）在一次演讲中 91
表示，数字美元对当前的美元体系没有任何优势，央行数字货币不是美元霸权所必需的。[33]

在这些声明中，三条断层线变得清晰起来：第一，私人数字货币对当前商行货币机制构成挑战，包括中央银行在其中的作用；第二，主权数字货币（或中央银行）的未来角色，与商行账面货币（或银行业）的主导地位之间的利益冲突正在显现；第三，向央行数字货币的全球性转变可能会支持或削弱美元的霸主地位。

最后一个问题显然也触动了中国政府。很明显，早期推出数字人民币背后的一个原因，是中国对全球大国地位的追求。加密货币可以促进跨境支付，超越现有的商行货币和央行储备的国际流通结构。这些都与 SWIFT 系统有关，该系统以美元为主导，曾被美国政府、欧洲各国和欧盟用来实施制裁。中国当然在

32　Braun (2022b). 这里需要指出的是，美联储理事会和联邦公开市场委员会受美国法律管辖，从这个意义上说，是美国政府的一部分，而 12 家地区性储备银行是美国银行业的私人公司。在这种情况下，由政府发行和担保的央行数字货币应被理解为数字“联邦币”，而不是数字“财政部币”（Treasury coin），因为它也可以被理解为符合美国殖民券、大陆美元、绿钞、灰钞以及国库券的传统。

33　参见 www.reuters.com/business/finance/us-central-bank-digital-currency-isnt-necessary-dollar-supremacy-feds-waller-2022-10-14. Smialek (2021)。

寻找自我创造的替代方案，不论从任何角度来看，数字人民币都成为了替代方案的基础。由中国官方政治顾问提出、基于一篮子亚洲国家货币创建“泛亚洲 CBDC 稳定币”的建议，便符合这一动机。[34]

中国推进央行数字货币的另一个原因是比特币挖矿、私人支付服务提供商及其电子货币在国内的扩张；其中，就电子货币而言，阿里巴巴集团的支付宝拥有 7.11 亿用户，腾讯的微信支付拥有 9 亿用户。为了保持控制，中国政府和中国人民银行不得不用主权数字货币和相关的支付系统来应对这种情况。出于同样的原因，中国于 2021 年 9 月全面禁止加密货币交易。

92 截至 2022 年冬奥会举办时，大约有 560 万商户接受数字人民币。[*] 相关的转账系统称为“数字货币 / 电子支付（系统）”（DC/EP），手机号码被用作用户 ID。[35] 由于数字人民币的推广仍处于起步阶段，其交易总量所占的市场比重相对较小——只有数十亿美元，而不是数万亿美元。[36] 但随着越来越多的潜在用户了解到这种新型货币，越来越多的大公司感到有动力或被迫接受和使用数字人民币，这种情况可能会发生变化。

在中国推出数字人民币之前，巴哈马于 2020 年推出了“沙

---

34 Reynolds and Rubin (2022), Caudevilla (2021).

* 原版作者于 2023 年 11 月补充了最新数据：“截至 2023 年 6 月底，数字人民币的总余额为 165 亿元，累计交易金额为 1.8 万亿元，通过数字人民币 App 开立的个人钱包达到 1.2 亿个。”参见 Nicolle (2021), Fries (2021), Liao (2022), Kumar (2022), Adebayo (2023), Elston (2023)。——译者注

35 Nicolle (2021), Liao (2022), Kumar (2022).

36 Frisbie (2022). Reuters.com/markets/currencies/China’s digital currency passes 100 bln yuan in spending, October 13, 2022. China-briefing.com/news/china-launches-digital-yuan-app, 22 September 2022.

元”(Sand Dollar)，东加勒比地区推出了“DCash”，柬埔寨推出了“Bakong”，尼日利亚于2021年推出了“eNaira”。此外，印度已经宣布计划不久后推出一种基于区块链的数字卢比。[37]俄罗斯、乌拉圭、乌克兰、韩国和其他一些国家均在研发供公众使用的央行数字货币方面取得了进展。[38]除了这类零售型央行数字货币，同样存在银行间或批发行央行数字货币，相关试点仅限于银行间参与，重点在于测试与现有支付系统的互操作性，以及与零售型央行数字货币的连接(包括跨境连接)。据报道，泰国、新加坡、加拿大、瑞士、法国/欧盟、南非和阿联酋等在这方面最为领先。[39]中国花了八年时间完成了所有数字人民币的研发阶段，直到这一新型货币的正式推出。即使是其他较为领先的中央银行，也可能要到21世纪20年代中期之后才能做好准备。

第四节　商行货币时代的巅峰已经过去 93

根据一些中央银行的意向，它们不希望用央行数字货币取代商行货币，而是像之前的一些声明明确指出的那样，将央行数字货币与商行货币并行引入，从而相互共存和竞争。从这个意义上说，人们选择了局部的主权货币改革，即力求构建由主权货币和私人支付手段组成的混合体系。考虑到由现金、央行准备金、央

37　Cryptopolitan.com, report by Mohammad Shahid, 1 May 2022. How digital rupee will be different from cryptocurrency, Mint, 15 February 2022.

38　PwC Switzerland (2021), McKinsey Global Institute (2021). https://cbdctracker.org.

39　PwC Switzerland (2021), Niepelt (ed.) (2021, part II on country-specific projects).

行数字货币、商行货币和各种新货币替代品（包括稳定币和无担保型加密货币）组成，且过于复杂的货币供给可治理性问题，结束商行货币特权的全面主权货币改革似乎过于激进。

银行机构当然对这种情况不感兴趣，它们只看到商行货币特权的延续维护了它们的利益。在此情况下，商业银行对央行数字货币采取了谨慎积极的立场。在银行业中只有少数人不希望央行数字货币和商行货币和平共处，而是希望这是一个“排挤”的过程，即随着时间的推移，商行货币将在与央行数字货币的竞争中失去优势。在某种程度上，央行数字货币的普及并扩大其在货币供给中的比重，这本身就意味着准主权商行货币和其他私人支付手段的市场比重损失。事实上，商行货币的长期前景并不乐观。

在短期内，商行货币仍处于强势防御地位，它目前有相当大的规模经济和网络效应。在变革的过程中，制度惯性总是很强烈，而旧习惯——行为、程序、范式和态度，无论如何都很难彻底消失。新的学习曲线通常不会像火箭一样起飞，广泛的突破通常在后期阶段才会出现。然而，即便如此，央行数字货币对大多数公司和个人来说仍然是一种稀罕的事物，即便普遍的数字化早已站稳脚跟。换言之，数字货币不是潜在的，而是新兴的并且已经开始实施。

支持商行货币的一个特殊因素是，目前大多数中央银行的计划都主张数字货币是不计息的。相较而言，在正常利率条件下，商行货币可以产生存款利息。此外，如果中央银行的支持和政府对商行货币的担保得以维持，商行货币似乎仍会处于有利地位。
94 不过，如果商业银行仍然支付存款利息以留住客户，除了商行货币与先进的数字代币在效率和成本上的劣势外，还会增加额外的成本。

商业银行可以期待的另一个优势，是提供比影子银行这一竞争对手更便宜的信贷，这要归功于商业银行享有的再融资优势（这只有部分准备金要求或根本没有）。这对商业银行而言可能是有利的，尤其是考虑到银行业从贷款业务中获得的利润会有所下降。然而，鉴于近期非银行金融机构贷款的强劲增长，商业银行能够提供比竞争对手更便宜信贷的优势不应被高估。

央行数字货币通常被视为现金的数字版本。单比较现金而言，这是正确的，但央行数字货币的全部潜力远不止于此。央行数字货币可以实现的不仅仅是现金或是商行账面货币的既有功能；例如，没有支付中介的直接点对点传输（这需要通过使用数字代币来消除成本），随时随地支付（甚至跨越国界），更简单和更快地处理支付（因此预期的用户费用会更低），以及可编程性。最后一点在目前看来可能并不重要，但在未来将变得更加重要，尤其是在物联网领域。从这些方面来看，商行货币几乎无法与央行数字货币竞争。

商行货币作为两层银行体系中的银行账户余额，无法升级到足以比肩数字代币的优势地位。数字化已经在技术上取代了纸质账簿中手写或印刷记录意义上的账面货币。如今，商业银行全方位甚至是彻底地使用信息技术基础设施，但这并不包括数字货币的上述特征，只要商行货币是通过清算或央行准备金的并行方式转移存款货币。在一个越来越基于数字代币的货币体系中，商行货币以及作为可信第三方，商行货币的创造者、回笼者以及支付中介的商业银行，正逐渐变得多余。此外，在经济不确定性加剧的环境下，对货币的需求将倾向于转向具有安全存量特征的央行数字货币，就像实体现金到目前为止出现的情况一样，商行货币在一定程度上也会转向央行数字货币。因此，在未来的央行数字货币和稳定币中，商行货币的存在将主要取决于中央银行和政府在多大程度上仍愿意为商行货币提供担保。

95 另外，公众仍然在一定程度上依赖商业银行获得投资资金、消费贷款和透支额度。如今仍然经常出现的一个现象，是商业银行可以要求借款人维持一个活期账户，以作为发放贷款的先决条件。这样一来，商业银行仍然可以利用商行货币的特权。

影子银行作为商业银行的竞争对手，对央行数字货币并不会过于在意。目前，影子银行除了依靠商行货币运营之外，没有太多的选择。未来，它们将在商行货币、央行数字货币以及稳定币之间作出选择。这反过来又会给商业银行带来压力，商业银行不仅要以商行货币提供信贷，还要以央行数字货币提供信贷。银行信贷的替代品已经以新的货币替代品、稳定币和其他加密货币，以及影子银行贷款的形式出现。商业银行向非银行主体放贷不再是一个独特卖点，央行数字货币的普及将进一步加剧这一局面。对各类货币的需求将不再主要由商业银行的货币供给决定，而是越来越多地由客户需求决定。

对商业银行来说，影子银行就好比是它们在自己的怀抱中养育的毒蛇。影子银行如今的融资规模（包括抵押贷款）几乎与商业银行相当。影子银行持有的金融资产总额，大于商业银行持有的金融资产总额。[40] 在某种程度上，这意味着影子银行现在已经从商业银行手中夺走了一半的贷款和其他金融市场交易业务。此

40 Financial Stability Board (2020).

外，在支付方面，商业银行还面对来自支付服务提供商和金融科技公司的竞争，后者的市场比重持续增长。

对于传统银行以外的各种金融机构（影子银行、支付服务提供商、金融科技公司、保险公司）来说，不存在与某种特定类型的货币打交道的基本商业约束。相反，在不同类型的货币之间进行的选择，取决于在业务促进、便利性、效率、可靠性、安全性和成本方面的比较优势。从这些角度来看，非银行金融机构将像所有其他公司和私人家庭一样，在商行货币、央行数字货币、稳定币和其他加密货币之间作出选择；从长远来看，这将越来越不利于商行货币。商行货币通过容易发生危机的部分准备金银行制度发展起来，并通过该制度而存在，但可能随着它的存在而衰落，直到它不得不与央行数字货币发生竞争，而后者已成为一种 96
安全存量的主权不记名工具。过去三十至四十年的发展历史——货币市场基金通常用于金融交易而替代商行货币的功能，可以为未来的走势提供一个先兆。

避免误解的说法应当是，央行数字货币的崛起预示着商行货币的长期衰落，而不是银行业的终结。商业银行和影子银行在经营货币、支付、贷款、投行业务以及金融资产管理方面发挥着许多有益的、部分不可或缺的作用。商业银行和影子银行一样，在技术上也可以通过央行数字货币来执行所有这些功能，就像它们在一小部分准备金基础上创造商行货币一样。毕竟，在商行货币机制之前，商业银行在以央行纸币为主导的机制基础上运作不存在技术上的困难。

可以肯定的是，今天的不同之处在于货币使用者的优势，货币政策的加强，以及整体上的更稳定，包括货币和中介信用、

GDP 金融和非 GDP 金融方面的宏观部门变化，以及更易平衡的宏观部门经济。对商业银行来说，一种观点的转变正在展开：从享有特权和掌握体系话语的货币创造者，变成像其他金融机构一样的货币服务提供者和金融中介。

商业银行发行自己的数字代币似乎是不言自明的，除了未受到支持或保障不足的代币类型。毕竟，没有保障的商行代币本质上退回到了 17 世纪和 18 世纪纸币支持不足的年代，只不过现今用数字代币代替了纸币。没有与央行货币挂钩、没有顺畅的银行间合作的商行代币，将只是一种自娱自乐的“单人游戏”。它们将造成与当时没有第三方担保、由单个银行所发行的纸币相同的承兑问题。此外，商行代币还将面临与官方货币保持 1∶1 平价的问题；[41] 它们可能会在之后出现一个浮动汇率，就像今天的国家货币或加密货币一样。有鉴于此，中央银行和监管机构不太可能容忍有资格获得央行再融资、账面货币享有政府担保的商业银行再发行数字代币。

97 相反，如果要求中央银行为数字商行代币提供担保，这应该采取什么形式？是采用央行准备金还是现金等价物，是 100% 全额保障还是部分保障？部分准备金对于数字代币来说是不合适的，因为这种制度一直以来仅适用于商行货币。除此之外，为商行代币发行的央行准备金，在功能上不同于为商行货币即银行存款发行的准备金。商行代币不会通过央行的 RTGS 支付系统流通，也不会通过银行间清算。

需要注意的是，如今“最低准备金”（如果还存在的话）在很

41　参见 Bjerg (2018)。

大程度上是不可用的，其只能勉强用作流动性准备金。最低准备金曾被用作一种控制工具，以抑制或促进商业银行创造存款（即商行货币），但它从未以令人满意的方式发挥作用。原因之一是，最低准备金要求必须由作为外部客户支付接受者的商业银行来履行，而不是由那些最初创造信贷、发行商行货币的商业银行来履行。

就数字商行代币而言，发行银行持有、以央行数字货币为形式的准备金基本上确实可以作为安全垫，但前提是这种准备金的比例接近 100%。在此情况下，数字商行代币将成为稳定币，否则很容易出现银行挤兑，进而导致代币价值暴跌、发行银行倒闭。准备金必须由央行数字货币而不是央行准备金组成，因为非银行主体无法获得传统的央行准备金。非自愿地用商行货币赎回商行代币肯定是不可接受的，因为这将再度出现类似于 18—19 世纪私人纸币的情况。

基于 100% 央行数字货币准备的稳定币，确实使货币供应量增加了一倍，但所涉及的数字货币准备金却处于非活跃状态。从宏观上讲，这没有什么区别，但对于发行方来说，这种货币供应量的倍增多少有些无意义。即使中央银行对作为保障而持有的央行数字货币支付一小笔存款利息（虽然这是完全无法想象的），商业银行从发行数字货币中获得的利润仍十分有限。基于这种非活跃状态的准备金保障，发行方将不得不向用户收取费用，这可能与商行货币一样昂贵。即便发行人可以从事有利可图的数据挖掘，但这与数据保护要求存在冲突。

如果商行稳定币的保障范围由现金等价物和其他证券组成，而央行数字货币只占较小的比重，那么问题就会更复杂。当然，
对相关商业银行来说，这可能是有利可图的。证券通常会产生利 98

息并有可能增值。对于任何货币替代品的发行人来说，有趣的一点是利用保障资金从事自营业务，例如进行短期甚至长期的贷款或投资。现金等价物和其他可交易资产的保障率越高，盈利前景就越好，但也可能出现亏损。换言之，像任何稳定币一样，商行稳定币被证券保障得越多，这种稳定币的风险和危机倾向就越大。

假设中央银行默许，大型银行集团可能会基于自己的货币推出一种稳定币，这种稳定币可扩展、可编程。尽管如此，这种货币就像任何其他稳定币发行人一样，没有再融资特权，也没有中央银行和政府的支持。这样一个银行集团，将不再是现今部分准备金银行制度意义上的货币银行机构；相反，它将是一家大型金融机构，无论其构成是什么，都有 1∶1 的准备金要求。

考虑到今天的商行货币特权，发行数字代币对商业银行来说并不是一个真正具有吸引力的选择，除非有息证券的保障比重很高，并且存款利息是基于央行数字货币准备而支付的。但是，仅为数字商行代币的保障提供全额融资，就将有助于结束当前基于部分再融资的银行业务模式。一般而言，用一种类型的银行负债交换另一种风险相当的银行负债没有多大意义，因为受保障资产的价值可能不够稳定，而且商业银行不能假设它们的商行代币像商行货币一样享有中央银行和政府的支持或担保。

商业银行正处于进退两难的境地。当它们使用新型货币（央行数字货币、货币市场基金、稳定币或其他加密货币）时，会进一步加剧与自己所发行商行货币的竞争。或迟或早，商业银行可能会得出这样的结论：最好正确看待商行货币的作用，离开它，而不是跟着它一起走下坡路。摩根大通（JPMorgan）、富国银行（Wells Fargo）、摩根士丹利（Morgan Stanley）等美国银行机构开始将加密货币纳入其业务，例如接受客户的加密支付便表明了这一点。这些银行正在与美国电子钱包和加密交易平台提供商合作，客户可以将信用卡和借记卡与电子钱包绑定，并预先设定 99
他们偏爱的支付方式。在交易过程中，加密货币被自动兑换成美元，或者美元被兑换成相应的加密货币。一些商业银行还推出了加密货币基金，此外一些商业银行对使用其信用卡或借记卡的人给予加密货币小额奖励。商业银行不发行加密货币，但却予以接受和交易。由此可见，面对客户将部分商行货币转移到加密货币投资中，银行机构正在积极应对由此造成的存款和投资外流。[42]

第五节　央行准备金将会如何发展?

央行数字货币将会使央行准备金变得多余，还是两者将继续并存？在当前的体系中，央行准备金是商行货币的基础，因为银行间的非现金支付是通过央行准备金进行的。由于商行货币与央行数字货币并行存在，只要商行货币继续流通，央行准备金的功能就会一直延续下去。

起初，在特定情况下，央行数字货币不一定被视作“数字代币”，而更可能被视作个人使用的“央行准备金”，这意味着每个人都可以获取和使用央行账户。瑞典央行起初对央行数字货币 E-krona 应当是央行准备金还是数字代币，持较大的开放态度。从技术上讲，将现有的 RTGS 支付系统扩大至普通公众使用不具

42　Birch (2022), Umar (2021).

有较强的可行性，但这或许只是一个借口，尽管扩大中央银行的公共零售支付系统覆盖范围必然会带来额外成本。

此外，很明显的是，中央银行不会考虑为每个人管理账户，即使公众只能通过在中央银行为客户运营数字货币综合账户（omnibus account）的商业银行间接获得央行数字货币。与此同时，在大多数情况下，支持央行数字货币的代币化已经成为定局。由于数字代币可以直接从一个电子钱包被转移到另一个电子钱包，在中央银行开设的交易账户便不再被需要，因此中央银行不再需要为在银行间交易创造更多的用于转移商行货币的准备金。

与此同时，商业银行也可以在银行间交易中来回转移央行数
100 字货币，而不是像以前那样来回转移央行存款。事实上，央行数字货币既可以完成之前在银行间交易中的央行准备金功能，也可以作为公共循环中的通用支付手段。从这个角度来看，在引入央行数字货币后，基于账户的准备金基本上可以被废除。

人们可能暂时不想这样做，因为既定货币常规机制的运转仍然良好有序，而受众广泛的央行数字货币交易机制尚未出现。因此，现有的央行准备金将在未来长期内继续与央行数字货币分离存在。不过，如果为了实现新旧货币的互操作性，中央银行将根据商业银行的需求将准备金和央行数字货币相互转换，由此可以假设央行准备金不会像商行货币那样被长期使用。

第六节　现金——在去货币博物馆的路上

两千多年来，硬币是唯一的货币形式，除了中世纪有限使用

的计数棒。纸币已经存在了近四百年，它最初是作为私人银行券和王室国库券，之后作为中央银行券存在了近两百年，有时也像美国一样作为国库券。国有铸币厂和中央银行小心翼翼地使硬币和纸币保持美观，并尽可能地防伪。

尽管现金的使用正在减少，但许多人还是对现金产生了依恋，以至于许多地方都出现了愤慨式的“拯救现金”运动。政界人士和央行行长们纷纷表示，他们绝不会考虑废除现金。然而，在没有像央行数字货币这样的现代等价物的情况下，严格地讲，现金的逐渐消失确实导致了一种不合法的状态。一方面，现金是法偿货币，但越来越多的行为者，包括国家机关特别是税务部门都拒绝接受现金支付。另一方面，法律要求银行账户余额必须完全以现金形式提取，而且不能有不合理的提取行为。然而，目前这只能在非常有限的程度上实现。超出通常情况的现金提取是绝对不可能的，商业银行已经给提取大额现金制造了更多障碍，而在许多国家对可提取的现金数量也规定了上限。

一些激进分子甚至在法庭上主张以现金支付税款或公共广播费用。这是一场政治运动，旨在提高人们对以下事实的认识：公共机构拒绝接受法偿货币，并要求用私人商行货币进行支付；当 101
没有更多的现金时，商行货币将垄断公共流通。虽然这种事实内部高度相关，但现金正在通往货币博物馆的路上，因此它显然是一种不合适的工具。现在已经没有多少人真正关注现金了。

对“老大哥”的恐惧使保留现金的需求变得合理。考虑到现金使用的既存限制，现金被视为金融隐私和金融自由仅存的“避风港”功能被严重夸大。除此之外，目前所有现金都是从银行账户中提取的，这一过程会留下电子痕迹，而且在很大程度上，付款人和收款人都必须向税务局申报这些资金的用途。

除了理性因素，以及本质上愈发怀旧的心态，现金显然触及了感知意义上的情愫依恋。每当欧洲国家考虑用欧元取代本国货币时，涉及的重要因素之一就是“国家认同”受到威胁。无论是否有意，对很多人来说，现金在触觉和视觉上都是他们国家的一部分，同时就像护照一样也是个人身份的一部分。一个人的银行账户可能让人安心，也可能让人担忧；商业银行的报账单肯定不是国家认同的一部分，但本国货币一定是。[43]

现金支付的减少，也可能是中央银行停止发行大额纸币所造成的。自 1969 年以来，美联储发行的最大面额纸币是 100 美元；欧洲央行决定在 2016 年停止发行 500 欧元纸币，几千欧元起步的支付必须非现金化。这些措施旨在打击资助恐怖主义、洗钱和未申报的工作，其实际效果如何，目前仍不清楚。非法支付（尤其是数额较大的交易）现在越来越多地以加密货币的形式进行，而不是像以前的黑帮电影中描绘的那样——将现金钞票装满公文包。

对于大多数公司、行政机构和私人家庭而言，拒绝现金支付有明显的现实原因。随身携带大量现金是不安全的，而且现金支付（即使只是在当地）对所有相关方来说都是不方便、耗时和昂
102 贵的。对于税务和其他公共机构、薪酬和养老金机构、公用事业、电信公司、广播公司、邮购公司等主体而言，现金支付根本不是一个可行的选择。与此同时，人们也越来越喜欢通过信用卡

43 在欧盟，民族主义和民粹主义势力喜欢把欧元当作“外部替罪羊”。尽管如此，70% 的相关国家人口现在认同欧元。Flash-Eurobarometer No. 429, 12–14 October 2021.

或网上银行进行非现金支付，而不是现金支付。[44]

数字化迟早会终结剩余的现金，这不一定在未来几年内全面实现，但随着时间的推移，现金将在支付行为的改变和对各种货币需求的相应变化中消失。如果维护必要的现金基础设施（包括自动取款机）成为越来越多的商业银行和其他企业一项需要补贴的业务，那么现金的流通无论如何都将结束。[45]

然而，随着现金的逐渐消失，商行货币实际上在公共货币循环中被赋予了唯一的统治地位，这对货币政策的有效性和金融经济的稳定性产生了深远的影响，这一点可能在上述实例中或对于许多现金活动家而言都不甚清晰。现在是时候推出央行数字货币，让央行数字货币成为继传统现金之后的一种现代主权支付手段了。

第七节　无支持型加密货币的前景

1. 本质上是一张空头支票

除稳定币外，加密货币都处于无支持状态。这种加密货币中的一部分类型无法被自由创造，而是像比特币一样，只能通过被称为“挖矿”的计算过程来创造。然而，这些加密货币没有保障或没有担保，意味着它们背后没有其他资金或资产，也没有政府或私人实体为它们保证。这种加密货币的价值取决于对它们的需求程度和稳定性，因此类似于艺术品或其他收藏品的价值。

44　ECB (2020a, 2020b).

45　参见 Prasad (2021)。

加密货币的价值及其持续时间，主要取决于它们的地位和信誉，以及加密货币用户的关键性数量。如果几家大公司接受一种货币作为支付手段，成千上万的公司和成千上万的个人想用它来
103 支付，那么这种货币当然可以作为一种支付手段。然而，到目前为止，加密货币的价格及其购买力的波动大、不稳定，而且没有迹象表明加密市场将很快进入更稳定的时期。

除了货币投机和地下经济，当有相对可靠的稳定币甚至可靠的央行数字货币作为替代品时，为什么要使用无支持型加密货币呢？从这个角度来看，在私人稳定币和主权性的央行数字货币存在的情况下，人们不会期望无支持型数字代币有机会成为广泛使用的常规货币。

因此，考虑官方资金是否会大规模流入无担保型加密货币这一潜在问题是徒劳的。如果这种货币替代不得不被认真考虑，那官方将面临十分严峻的挑战，因为这将朝着丧失货币主权和货币政策的无关紧要化迈出又一大步。事实上，完全没有必要担心这种大规模的货币替代。[46] 然而，在弱势货币国家，情况则有所不同，因为确实存在反复出现的货币替代问题，这更常被称为“资本外逃”，无论是流入其他国家的货币还是现在流入加密货币。

一般而言，所有不能依靠中央银行支持和政府担保的私人支付手段都难以得到广大公众的普遍接受，因而难以发展成为一种普遍的支付手段，硬币贬值和纸币不受管制的货币动荡时期出现的许多例子可以说明这一点。直到引入国家统一的央行纸币作为法偿货币，私人货币的混乱情形才得以终结。而在当下，类似的

46 Adrian and Mancini-Griffoli (2021, p. 76).

解决方案则是引入标准化的央行数字货币。货币迟早会陷入危机的事实也支持了这一点，无论危机是由内生性因素还是由普遍的危机环境因素造成。没有政府担保的私人支付方式，不太可能在严重的危机中幸存下来。

2. 比特币和以太币

有两种加密货币的情况似乎有所不同，即市值为 6400 亿美元的比特币和 2800 亿美元的以太币。相较而言，其他加密货币的市值最多在较低的数百亿或数十亿美元范围内。[47] 比特币的独特之处在于，由化名中本聪（Nakamoto）的神秘开发者设计的挖矿算法，使得新比特币的计算变得越来越费力，2100 万比特币的明确上限中的 90% 以上的比特币已经被创造。 *104*

比特币的数量上限引发人们将其与黄金进行比较，甚至将其等同于黄金。事实上，这样的等同毫无意义。原因在于，黄金实际上具有留存的货币储备功能，此外黄金也是一种有价值的商品，其在许多工业和工艺应用中具有实际使用价值。然而，比特币没有这类功能。

与黄金不恰当的比较，也招致了比特币可以防止通货膨胀的假设。[48] 黄金在多大程度上实现了这一功能是有争议的。这个假设是基于一个经典理论，即货币的价值和其他任何商品的价值一样，取决于它的稀缺性。然而，谁会关心那些没有资产支持、没有重要担保人、没有实体经济使用价值，即未受保障的比特币的稀缺性呢？比特币看起来十分像一种艺术品，只要买家数量足够多，并且有足够的偿付能力，艺术品的价值就可以维持。但如果

47　Coinmarketcap.com, 22 February 2022.

48　参见 Karau (2021)。

出现不确定性甚至危机，这种价值稳定的情况可能会迅速改变。但与迄今为止加密货币的波动性相比，艺术品市场却成了稳定的典范。

像任何货币一样，假设比特币在特定情况下稳定或上涨，就可以从已贬值的货币中买入比特币，从而间接地防止通货膨胀。但这一逻辑把争议问题变成了货币竞争和货币投机的另一个维度；事实上，这早已在很大程度上发生在不同的加密货币之间，包括比特币对波动性较小的稳定币的顺周期买卖。出于同样的原因，作为一种简单且相对便宜的选择，人们对来自弱势货币国家的加密货币展开了大量买卖，而不是将弱势货币流入作为避风港的美元。

总体而言，比特币成为一种通用支付手段的可能性，远远低于一些人迄今为止的假设。在可预见的未来，比特币和它的同类
105 产品当然是不容忽视的，但只能是作为一种特殊的选择、一种特殊用途的工具，并为非常特殊的用户群体服务。

作为第二大加密货币的以太币，其机遇可能会有所差异。以太币具有一个比特币所没有的特殊功能。作为区块链系统的以太坊不仅可以用于以太币的支付交易，而且与比特币不同的是，它还提供了上述数字代币的可编程性。以太坊的编程语言可用于开发编码为智能合约和其他应用程序的以太币。因此，以太币不仅是一种货币替代品，还能作为合同、其他文件、有形和无形商品的管理工具而具有使用价值。如果这在长远来看被证明是成功的，以太币将比比特币和其他无担保型加密货币具有决定性的竞争优势。不过，这种优势也可以与稳定币结合起来，因而只是一个机制设计问题。

高度分布式和公共化的区块链仍然存在一些缺陷，这在比特币身上最为典型。这些缺陷包括由于过度的去中心化和匿名的自由主义意识形态而导致的效率不足，不可持续的高能量消耗，以及导致只有部分竞争力的高额成本。

以太坊将自己与比特币区分开来。多年来，它的开发者社区一直致力于从根本上简化验证和记录交易的过程。在先前通过工作量证明达成的共识过程中，所有计算机节点（即矿工）必须达成各方协议，而这在时间、精力和资金方面的成本耗费十分高昂。相比之下，以太坊新引入的权益证明程序，即从必须满足某些标准的参与者中随机选择几个大型计算机节点，将导致需计算的工作量和能耗减少 99.9%。[49] 在此情况下，支付速度大大提高，成本也相应降低。该系统还实现了更高的运行安全性，与区块链不同的是，它具有可扩展性，并且仍然向公众开放访问权限。因此，与其他加密货币相比，以太币似乎具有相当大的竞争优势。然而，它是否能成为一种广泛使用的支付手段，取决于有待讨论的其他非技术因素（例如货币和政治经济因素）。

第八节　认真对待作为竞争者的稳定币 *106*

1. 作为竞争者的稳定币

与无担保型加密货币相比，从货币用户的角度来看，稳定币有一个重要的优势——拥有保障以及与官方货币 1∶1 平价的承诺。

49　Ethereum.org/en/upgrades/merge.

与货币市场基金类似（以美元为例），一个稳定币相当于一美元计价的商行货币、美联储准备金或美联储数字货币。在欧盟，1∶1的保障已经具有强制性（与电子货币类似）；在美国，即将出台的条例可能也将达到全面保障（无论其具体资产构成如何表现）。

在使用以太坊编程语言或其他类似的语言时，稳定币实现了多用途的可编程性，从而大大加强了其优势。这种优势不仅是稳定币与商行货币竞争的优势，而且还包括上文已经提到的数字代币相对于账面货币的优势，例如直接从付款人到收款人的即时转账、易于处理、更低的成本。

对于美国来说，稳定币和其他加密货币在可预见的未来尤为重要。这是因为大多数加密货币都以美元交易，而大多数稳定币则与美元挂钩。稳定币与美元的挂钩有助于加强美元的主导货币地位，但这一前提是加密货币受到充分监管，从而避免构成新的集群风险。

可能正是美元的主导地位，促使美联储和美国财政部拒绝了脸书的多币种 Libra 稳定币项目，而同时对以美元计价的稳定币采取了更积极的立场。[50] 然而令人惊讶的是，数字代币的趋势表明，现有旨在管理银行账户余额（即账面货币）转移、由美联储美元（即美元法币）和银行美元（即美元商行货币）主导的国际支付网络正在衰退。在此情况下，与美元挂钩的稳定币在全球的流通使用，可能会扩大或至少维持美元的主导地位。

尽管支持稳定币优势的观点可以证成，但问题在于，当央行数字货币形式的“数字原件”（digital original）随时可用时，为什

50 Federal Reserve of the U.S. (2022, p. 11).

么还要使用另一种数字替代品？因此，稳定币的发行者将不得不提供央行数字货币无法提供的好处。起初，这些优势可能是传输速度和成本优势，以及高级加密货币和稳定币的可编程性。相较而言，目前的央行数字货币概念和实践似乎落后于稳定币在这方面的发展。 107

2. 稳定币的潜在问题

人们应该意识到，私人加密货币可能会导致与商行货币相同的问题和危机。无保障型加密货币在任何情况下都面临着很高的运行风险；在某种程度上，这也适用于稳定币。用其他货币替代品支持的第二层或第三层货币的安全性值得怀疑。由证券提供的保障也是如此，因为此类金融资产的价值会波动，进而使得稳定币的相关储备头寸增值或贬值。随着时间的推移，如果稳定币不仅受到被动发行的影响，而且可能受到主动发行的影响，稳定币的运行安全风险将变得更加根深蒂固。例如，如果稳定币发行人不通过 ICO 出售新代币，而是直接用新代币购买证券（只要证券的卖方接受相应稳定币的支付），就会发生这种情况。

稳定币在欧盟受到电子货币监管机制的约束，但稳定币在美国尚未得到一致的监管（特别是稳定币的保障范围）。到目前为止，稳定币 1∶1 的保障范围主要是一种自愿的承诺，因此实际的保障范围可能相差很大。例如，稳定币“USDCoin”由以美元计价的商行货币支持；在这种情况下，它遵循一种狭义银行模式，即倾向于完全由商行货币而非央行准备金支持。[51]

上述情况与目前最大的稳定币（泰达币）存在差异，后者的

51　Vandeweyer (2021, p. 83).

市值为700亿美元，其已成为仅次于比特币和以太币的第三大加密货币。[52]泰达币的保障范围包括证券和应收账款，其中，应收账款实际上是基于“Tether Limited”公司（即泰达币的经营机构）对外提供的贷款而可主张的债权。对于去中心化金融行为者来说，泰达币是流动性的重要来源。[53]除了应收账款，另一部分则是由比特币组成的，因为大多数比特币主要是由机构和专业交
108 易者使用泰达币进行交易。[54]如果100%的保障范围由存在风险和不稳定的保障资产组成，那么稳定币的稳定性究竟如何？根据美国政府和美联储的建议，稳定币交易应该被归类为系统相关性的银行业务，并受到相应的监管。[55]

即使在这样的监管之后，稳定币仍然存在无法达到100%保障的风险。当然，在长期的金融自由化过程中，政府官员和当局可能会再次被说服同意实施基于部分准备金的货币发行制度。由于这一可能性以及货币价值的波动，部分准备金制度或许会在稳定币上继续适用，进而会给稳定币带来类似于商行货币的挤兑危机。未受保障的加密货币和受保障的稳定币流通得越多、变得越具有系统相关性，“大而不能倒”和“相互关联而不能倒”的问题就会愈发可能重现。如果重量级的稳定币陷入危机，各国央行和政府将面临确保这些具有系统相关性的私人资金继续存在的压

---

52 Coinmarketcap.com v. 23 February 2022.

53 McKinsey Global Institute (2021, p. 4).

54 Lopatto (2021).

55 Press Release of the President’s Working Group on Financial Markets (PWG), the Federal Deposit Insurance Corporation, and the Office of the Comptroller of the Currency, 1 November 2021. Davis Polk, Insights, U.S. regulators speak on stablecoin and crypto regulation, 12 November 2021.

力，以防止情况恶化。

3. **稳定币与商行货币和央行货币的竞争**

Libra/Diem 项目引发的政治喧嚣清楚地表明，广泛分布于国际使用的稳定币已经被商业银行和中央银行视为一种威胁。因此，稳定币与商行货币和央行货币存在着竞争。

就与商行货币的竞争而言，稳定币不像央行数字货币那样是法偿货币；同时，与商行货币不同，稳定币不受中央银行和政府的担保，至少到目前为止还不存在这种设想。在不确定的条件下，稳定币的可靠性可能被认为弱于作为安全存量的央行数字货币，甚至弱于准主权商行货币。因此，稳定币不会像央行数字货币那样成为商行货币的强大竞争对手，但稳定币的优势足以让商行货币承受压力。无论商业银行多么努力地提升转账速度，以其 109
他方式促进数字化，商业银行的账面货币都无法复制前述数字代币在交易处理、效率、成本和可编程性方面的优势。

此外，稳定币数量的激增，将加剧金融交易从商业银行向影子银行转移的总体趋势，这将以损害传统商业银行以及损害影子银行对商行货币的使用为代价。商业银行通过在银行（母）公司保护伞下的独立子公司或通过对外部金融机构的联合融资，推动实现了这一进程。银行公司在投行业务、资产管理和经纪等领域日益活跃，而非银行金融机构则活跃于货币兑换、支付服务以及广义上的贷款和投行等业务。

一些大型商业银行正在改弦更张，像过去那样更多地专注于企业客户和投行业务，而把面向更小额零售客户的大众业务留给其他提供商。这种商业银行与影子银行之间的重构和重叠正在继续发展。鉴于第三层新货币的出现，货币金融机构与非货币金融机构的界限变得模糊。

稳定币加入与央行货币竞争的赛道，这一事实可能不那么明显。央行数字货币和稳定币的竞争共存将如何发展，目前还不确定。[56]央行货币确实是基础货币，但中央银行发行的现金不再具有系统决定性，而央行准备金作为商行货币的“准子集”，仅限于银行间的循环。通过引入央行数字货币，这种情况将会发生改变。但央行数字货币何时能用于零售交易、何时能达到发挥作用所需的数量规模，仍有待观察。与此同时，加密货币行业和稳定币也将继续发展。

即使央行数字货币被广泛使用，稳定币也将与其开展竞争，就像商行货币与现金的竞争一样。商行货币使现金边缘化，并压低了运营上所需的超额准备金。因此，商行货币变得具有系统相
110 关性，并最终占据主导地位，而中央银行变成了被动的、从属于商行货币的再融资者。一个无法决定主权货币重要存量的主权货币单位，确确实实成了一个“空壳”。

商行货币给现金和央行准备金带来的影响，可能会同样发生在稳定币与央行数字货币的竞争过程之中。虽然央行数字货币比稳定币更有优势，因为它是不需要用其他类型货币兑换的基础货币、是其他类型货币“参考”的法律基础；但实现这一优势的前提，是中央银行和其他相关国家机构采取相应行动，以确保在货币供给的整体构成中，存在大量技术上高能的央行数字货币供给。在下一章中讨论的央行数字货币设计，在应对这一问题的效果上特别重要。

56 参见 McKinsey Global Institute (2021)。

参考文献：

1. Adebayo, Owotunse. 2023. China's CBDC adoption hits a new milestone figure, Cryptopolitan, July 23, 2023.
2. Adrian, Tobias and Tomaso Mancini-Griffoli. 2021. How will Digital Money Impact the International Monetary System? In Niepelt (Ed.) 2021, pp. 73–79.
3. AfJM (Alliance for Just Money). 2021. American Monetary Reform Act, update of AMI 2010.
4. Allais, Maurice. 1988 [1977]. L'Impôt sur le capital et la réforme monétaire. Paris: Hermann Éditeurs des Sciences et des Arts, Nouvelle édition.
5. AMI (American Monetary Institute). 2010. Presenting the American Monetary Act. Valatie, NY: American Monetary Institute, http://monetary.org/wp-content/uploads/2011/09/32-page-brochure.pdf.
6. Andolfatto, David. 2015, February 3. Fedcoin: On the Desirability of a Government Cryptocurrency. Macromania.
7. Andresen, Trond. 2014. The Central Bank with an Expanded Role in a Purely Electronic Monetary System. Real-World Economics Review 68 (2014): 66–73.
8. Andresen, Trond. 2019, October. Initiating a Parallel Electronic Currency in a Eurocrisis Country. Why it Would Work. Real-World Economics Review (89): 23–31.
9. Bank of England. 2020, March. Central Bank Digital Currency. Opportunities, challenges and design, Discussion paper.
10. Barrdear, John and Michael Kumhof. 2016, July. The Macroeconomics of Central Bank Issued Digital Currencies, Bank of England. Staff Research Paper No. 605.
11. Bech, Morten and Rodney Garratt. 2017, September. Central Bank Cryprocurrencies, Basel Bank for International Settlements. BIS Quarterly Review, 55–70.
12. Benes, Jaromir and Michael Kumhof. 2012. The Chicago Plan Revisited. IMF *111*
working paper, 12/202 August 2012, revised draft February 2013.
13. Birch, Kate. 2022, January 6. How Large Enterprises are Driving Digital Currency Adoption. Business Chief .
14. BIS. 2015, November. Digital Currencies, prep. by the BIS Committee on Payments and Market Infrastructures. Basel: Bank for International Settle-

ments.

15. BIS. 2018, March. Central Bank Digital Currencies, prep. by the BIS Committee on Payments and Market Infrastructures. Basel: Bank for International Settlements.
16. BIS. 2019, January. Proceeding with Caution. A Survey on Central Bank Digital Currency, Written by Christian Barontini and Henry Holden. Bank for International Settlements Papers, No. 101.
17. BIS. 2020. Central Bank Digital Currencies: Foundational Principles and Core Features, publ. by BIS and the central banks of Canada, EU, Japan, Sweden, Switzerland, England and USA. Basel: BIS.
18. BIS. 2021. CBDC: Opportunity for the monetary system. BIS Annual Economic Report, 65–95.
19. Bjerg, Ole. 2018, August. Breaking the Gilt Standard. The problem of parity in Kumhof and Noone's design principles for Central Bank Digital Currencies. Copenhagen Business School Working Paper.
20. Boar, Codruta, Henry Holden and Amber Wadsworth. 2020, January. Impending Arrival — A Sequel to the Survey on Central Bank Digital Currency. BIS Papers, No. 107. Basel: Bank for International Settlements.
21. Bordo, Michael D. 2018. Central Bank Digital Currency. The Future Direction for Monetary Policy? Shadow Open Market Committee, E21 Manhattan Institute, March 9, 2018, http://shadowfed.org/wp-content/uploads/2018/03/BordoSOMC-March2018.pdf.
22. Bordo, Michael D. and Andrew T. Levin. 2017, August. Central Bank Digital Currency and the Future of Monetary Policy. NBER Working Paper Series, No. 23711.
23. Bordo, Michael D. and Andrew T. Levin. 2019, January. Digital Cash: Principles & Practical Steps. NBER Working Paper Series, No. 25455.
24. Braun, Helene. 2022a. Janet Yellen Stresses Need for Central Bank Digital Currency Work. CoinDesk, October 13, 2022a, https://www.coindesk.com/policy/2022a/10/13/yellen-stresses-need-for-central-bank-digital-currency, as of October 18, 2022a.
25. Braun, Helene. 2022b. Powell Says Fed Plans Recommendation to Congress on CBDC. Reuters, June 23, 2022b, www.coindesk.com/markets/2022b/06/23/powell-says-fed-plans-recommendation-to-congress-on-cbdc, as of October 18, 2022b.

26. Brigida, Anna-Cat and Leo Schwartz. 2022, March 15. El Salvador's Bitcoin gamble is crumbling. The 2022 Rest of the World Reader Survey. *112*
27. Broadbent, Ben. 2016. Central Banks and Digital Currencies, Speech at the London School of Economics documented by the Bank of England, www.bankofengland.co.uk/publications/Pages/speeches/default.aspx.
28. Caudevilla, Oriol. 2021, January 4. A Pan-Asian Digital Currency would bring many opportunities to China. Macau News Agency Opinion.
29. Chaum, David, Christian Grothoff and Thomas Moser. 2021. How to Issue a Central Bank Digital Currency. SNB Working Papers, 3/2021. Bern: Swiss National Bank.
30. Cuen, Leigh. 2021, March 21. The Debate About Cryptocurrency and Energy Consumption. Join TechCrunch+.
31. Cunha, Paulo R., Paulo Melo and Helder Sebastião. 2021. From Bitcoin to CBDC: Making Sende of the Digital Money Revolution. Future Internet 13: 165. www.mdpi.com/journal/futureinternet.
32. Danezis, George and Sarah Meiklejohn. 2016. Centrally Banked Cryptocurrencies. http://www0.cs.ucl.ac.uk/staff/G.Danezis/papers/ndss16currencies. pdf.
33. Dt. Bank. 2020, January. The Future of Payments, Corporate Bank Research.
Part I – Cash: the Dinosaur Will Survive ... For Now.
Part II – Moving to Digital Wallets and the Extinction of Plastic Cards.
Part III – Digital Currencies: The Ultimate Hard Power Tool.
34. Dt. Bundesbank. 2020, December 21. Money in Programmable Applications. Report of the Working Group on Programmable Money. Frankfurt.
35. Dt. Bundesbank. 2021, April. Digital Money: Options for Payments. Monthly Report, 57–75.
36. Dyson, Ben and Graham Hodgson. 2016. Digital Cash. Why Central Banks should start Issuing Electronic Money. London: Positive Money.
37. Dyson, Ben and Jack Meaning. 2018, May 30. Would a Central Bank Digital Currency disrupt monetary policy? Bank Underground.
38. ECB. 2020a, December. Study on the Payment Attitudes of Consumers in the Euro Area (SPACE). Frankfurt.
39. ECB. 2020b, October. Report on a digital euro. Frankfurt: ECB.
40. Eichengreen, Barry. 2017, October 30. Central Bank-Issued Digital Currency is the Future, Not Cryptocurrency. CNBC The Fintech Effect.
41. Elmandjra, Yassine. 2021, June 29. Debunking Common Bitcoin Myths. ARK

Invest.

42. Elston, Thai-Binh. 2023. China is Doubling Down on Its Digital Currency, Foreign Policy Research Institute, June 2, 2023.
43. Federal Reserve of the U.S. 2022, January. Money and Payments: The U.S. Dollar in the Age of Digital Transformation, Research & Analysis. Board of Governors of the Federal Reserve System.

113 44. Financial Stability Board. 2020. Global Monitoring Report on Non-Bank Financial Intermediation 2020. www.fsb.org/2021/12/global-monitoring-report-on-non-bank-financial-intermediation-2021.

45. Fries, Tim. 2021. China's digital yuan, World Economic Forum, September 29, 2021.
46. Frisbie, Sonnet. 2022, June 13. Widespread e-CNY Adoption in China is Coming. Morning Consult.
47. Gomez, Christian. 2010. 100%-Money. Osons Maurice Allais, Juin 2010, https://osonsallais.wordpress.com/2010/02/22/christian-gomez-100-money.
48. Guan, Dabo and Shouyang Wang. 2021, April 7. Environmental Science: Climate Impacts of Bitcoin Mining in China. Nature Communications.
49. Heasman, Will. 2019, December 6. The Worrying Truth Behind China's Digital Currency. Decrypt.
50. Howell, Sabrina T., Marina Niessner and David Yermack. 2020, September. Initial Coin Offerings: Financing Growth with Cryptocurrency Token Sales. The Review of Financial Studies 33 (9): 3925–3974.
51. Huber, Joseph and James Robertson. 2000. Creating New Money. A Monetary Reform for the Information Age. London: New Economics Foundation.
52. IMF. 2018. Casting Light on Central Bank Digital Currency. IMF Staff Discussion Note, written by T. Mancini-Griffoli et al., Washington D.C.: International Monetary Fund.
53. Ingves, Stefan. 2018. The e-Krona and the Payments of the Future, Speech by the Governor of the Swedish Riksbank, Stockholm.
54. Jackson, Andrew and Ben Dyson. 2013. Sovereign Money — Paving the Way for a Sustainable Recovery. London: Positive Money.
55. Karau, Sören. 2021. Monetary Policy and Bitcoin. Dt. Bundesbank Discussion Paper, No. 41/2021.
56. Kay, John. 2009. Narrow Banking. The Reform of Banking Regulation, publ. by the Centre for the Study of Financial Innovation, London.

57. Kay, John. 2015. Other People's Money. London: Profile Books.
58. Koning, J. P. 2014, October 19. Fedcoin. JP Koning Blog.
59. Kotlikoff, Laurence J. 2010. Jimmy Stewart is Dead. Ending the World's Ongoing Plague with Limited Purpose Banking, Hoboken, NJ: Wiley.
60. Kumar, Ananya. 2022, March 1. A Report Card on China's Central Bank Digital Currency: The e-CNY, Atlantic Council Blog Econographics.
61. Kumhof, Michael and Clare Noone. 2018, May. Central Bank Digital Currencies — Design Principles and Balance Sheet Implications. Staff Working Paper, No. 725. London: Bank of England.
62. Liao, Rita. 2022, January 22. China's Digital Yuan Wallet Now Has 260 Million Users. Join TechCrunch+.
63. Lopatto, Elizabeth. 2021, August 16. The Tether Controversy Explained. How Stable are Stablecoins? The Verge.
64. Mathew, Neil. 2018, November 12. Bitcoin Cash Surpasses Paypal's *114*
Transaction Speed. Newconomy.
65. Mayer, Thomas. 2013, July. A Copernican Turn in Banking Union Urgently Needed. CEPS Policy Brief, No. 297.
66. Mayer, Thomas. 2019. A Digital Euro to Compete with Libra. The Economists' Voice 16 (1): 1–7.
67. McKinsey Global Institute. 2021, November. The Rise and Rise of the Global Balance Sheet.
68. Meaning, Jack, Ben Dyson, James Barker and Emily Clayton. 2018, May. Broadening Narrow Money: Monetary Policy with a Central Bank Digital Currency. Bank of England Staff Working Paper, No. 724.
69. Nicolle, Emily. 2021, November 16. Why CBDC are Facing an Identity Crisis. The Fintech Files.
70. Niepelt, Dirk. 2015, January 21. Reserves for Everyone — Towards a New Monetary Regime? VOX CEPR's Policy Portal.
71. Niepelt, Dirk. 2018. Central Bank Digital Currency. What difference does it make? In Do we need central bank digital currency? Economics, Technology and Institutions, eds. Gnan, Ernest and Donato Masciandro, 99–112. Vienna: SUERF Conference proceedings.
72. Niepelt, Dirk. ed. 2021a. Central Bank Digital Currency. Considerations, Project, Outlook, Centre for Economic Policy Research. London: CEPR Press 2021.

73. Niepelt, Dirk. 2021b. "Reserves for All": Political Rather Than Macroeconomic Risks. In Niepelt (Ed.) 2021, pp. 39–44.
74. Omarova, Saule T. 2021, October. The People's Ledger: How to Democratize Money and Finance the Economy. Vanderbilt Law Review 74 (5): 1231–1300.
75. OMFIF. 2020. Digital Currencies — A Question of Trust. Written by Bhavin Patel and Pierre Ortlieb. London: OMFIF.
76. OMFIF/IBM. 2019. Retail CBDCs, the Next Payments Frontier. London: Official Monetary and Financial Institutions Forum/Costa Mesa, CA: IBM Blockchain Worldwire.
77. Phillips, Ronnie J. 1995. The Chicago Plan & New Deal Banking Reform, Foreword by Hyman P. Minsky, Armonk, NY: M. E. Sharpe Inc.
78. Positive Money. 2011. Bank of England Creation of Currency Bill. London: Positive Money.
79. Prasad, Eswar. 2021. The Future of Money. How the Digital Revolution is Transforming Currencies and Finance: The Belknap Press of Harvard University Press.
80. PwC Switzerland. 2021, April. Pricewaterhouse Coopers' CBDC Global Index, authored by Adrian Keller and Bastian Stolzenberg.
81. Reiff, Nathan. 2022, July 9. The Environmental Impact of Cryptocurrency. Investopedia.
115 82. Reynolds, Sam and James Rubin. 2022, October 17. First Mover Asia: A Pan-Asian Digital Currency? CoinDesk.
83. Schemmann, Michael. 2012. Liquid Money — The Final Thing. Federal Reserve and Central Bank Accounts for Everyone: IICPA Publications.
84. Seidemann, Wolfram. 2021, July 27. CBDC Systems Should Focus on Programmable Payments. OMFIF News.
85. Sigurjonsson, Frosti. 2015, March. Monetary Reform. A better monetary system for Iceland. Icelandic Parliament, submitted to the Committee on Economic Affairs and Trade.
86. Slack, Andrew. 2022, January 24. CBDC Must Preserve Defining Features of Physical Money. OMFIF News.
87. Smialek, Jeanna. 2021, August 5. Dividing Lines Harden as the Fed Contemplates Issuing a Digital Dollar. New York Times Daily Business Briefing.
88. Smith, Tyler. 2021, November 26. Digital Tokens. The Fintech Times.
89. Summer, Martin and Hannes Hermanky. 2022. A Digital Euro and the Future

of Cash, Austrian National Bank. Quarterly Review of Economic Policy, Q1–Q2, 91–108.

90. Sveriges Riksbank. 2017, September. The Riksbank's E-Krona Project, Report 1, Stockholm.
91. Sveriges Riksbank. 2018a, October. The Riksbank's E-Krona Project, Report 2, Stockholm.
92. Sveriges Riksbank. 2018b. Special Issue on the e-Krona. Sveriges Riksbank Economic Review, 3.
93. Tapscott, Don and Alex Tapscott. 2016. Blockchain Revolution — How the Technology Behind Bitcoin is Changing Money, Business, and the World. New York: Penguin Random House.
94. Umar, Ismail. 2021, September 24. Two-Sided Integration Between Fiat and Crypto. How Banks are Gearing Up to Move into Digital Currencies. Tearsheet.
95. van Hee, Kees and Jacob Wijngaarden. 2021, December. A New Digital Currency System. Central European Review of Economics and Management 5 (4): 33–60.
96. Vandeweyer, Quentin. 2021. Stablecoins as Alternatives to CBDC. In Niepelt (Ed.) 2021, pp. 81–85.
97. Wortmann, Edgar. 2019. Public Depository: Safe-Haven and Level Playing Field for Book Money, Ons Geld, Nederland.
98. Yamaguchi, Kaoru. 2014. Money and Macroeconomic Dynamics. An Accounting System Dynamics Approach. Awaji Island: Muratopia Institute/Japan Futures Research Center. www.muratopia.org/Yamaguchi/MacroBook.html.
99. Zellweger-Gutknecht, Corinne. 2021. The Right and Duty of Central Banks to Issue Retail Digital Currency. In Niepelt (Ed.) 2021, pp. 31–38.
100. Zitter, Leah. 2016, March 28. The Bank of England's RSCoin — An Experiment for Central Banks or a Bitcoin Alternative? Bitcoin Magazine.

117 # 第七章 央行数字货币的系统设计原则

本章讨论了央行数字货币设计原则的相关问题，例如，央行数字货币的系统架构问题——数字代币是通过分布式账本（即区块链）管理还是通过传统支付基础设施管理；又如，央行数字货币如何进入流通，其与商行货币之间的互动应该如何运作，央行数字货币是否会增加银行挤兑的危险，以及中央银行和政府是否应该继续为商行货币提供担保。[1]

这些问题不仅关系到央行数字货币的运营，还涉及政治和范式层面，后者对于那些担忧货币政治化的人来说是难以理解的。但是，将货币政策描绘成非政治的、纯粹的技术官僚主义是一种误导。事实上，货币政策与政治有关，这并不可怕，只是需要以一种透明的方式来应对。

118 ## 第一节 央行数字货币的系统架构是什么？

在现阶段，任何对央行数字货币的系统架构进行类型化的尝

1 央行数字货币设计原则的众多方案，可参见 IMF (2018), Kumhof and Noone (2018), Ingves (2018), Sveriges Riksbank (2017, 2018a, b), Meaning et al. (2018), Barrdear and Kumhof (2016), and Bindseil (2019)。

试，都保留了一些假定性特征。[2]尽管如此，一些基本结构仍然可以确定，主要有以下三种：

- 传统的“基于账户”型；
- “数字代币”型；
- （账户与代币的）混合型。

央行数字货币类别谱系的传统一端，是基于标准央行账户的类型，也就是说，央行数字货币作为每个人的准备金，中央银行赋予个人“直接”使用央行账户的权限。这种账户类似于一些公共机构持有的央行交易账户，而不是商业银行拥有的央行信贷或再融资账户。每个人的交易账户都可以与商业银行的支付基础设施对接，但账户的余额直接归客户所有、存在于商业银行的资产负债表之外。支付指令的执行仍然是对客户的一种纯粹的服务，这类似于证券账户——除了账户中没有证券或商行货币，而是央行的准备金。另一种形式是赋予“间接”使用央行账户的权限，即商业银行或支付服务提供商在中央银行为客户开设一个综合账户，客户将自己的个人份额存入该账户，这很适合用于传统的网上银行业务。

直到 21 世纪前十年中期，在加密货币带来的数字化趋势尚未影响到货币政策之前，有两种关于主权货币体系的路径（直接型和间接型）被提出了出来，而一些央行的研究人员也考虑到了这一点。传统的基于账户型央行数字货币仍然是一个相当大的进步，但这类货币的缺点是忽略了将央行数字货币进行代币化的技术潜力。传统的基于账户型不太可行的另一个原因，是中央银行

2　例如 Cunha et al. (2021, p. 9)。

不想充当所有人的支付服务提供商，这至少对个人直接使用央行账户而言是正确的。

119 央行数字货币类别谱系的另一端，是处于技术进步前沿的数字代币。这些代币是一种不记名票据，直接由各自的持有人占有和处分，并在支付时直接转让给收款人。数字代币可以是可编程的，其不仅可以在自然人和法人实体（即机构、公司）之间转移，还可以在物联网中的机器、产品或其他人工智能驱动装置之间转移。

一个可授予特定主体使用权限的许可型区块链系统，可以作为支付基础设施和一体化数据库。出于效率、能耗和成本等方面的考量，它将是一个或多或少具有中心化色彩的系统或多中心系统，并由大型服务器作为网络节点来管理通用共享数据库。

目前由中央银行开发或已经实施的系统，既不是纯传统的基于账户的系统，也不是完全代币化的系统，而是结合两者元素的混合路径。[3] 例如，电子钱包可以处理可编程代币或简单地处理传统账户的余额，并能查看账户历史记录。这些功能不仅适用于手机或座机应用程序，还能通过带有电子芯片的常规塑料卡片实现。

支付基础设施可以是传统系统、分布式账本 / 区块链系统，或者两者兼而有之。[4] 例如，对于欧洲央行设想的数字欧元转移，TIPS 系统（是基于央行准备金的银行间 RTGS 系统的延伸）将介入付款人和收款人之间的支付过程，[5] 该系统允许 24 小时 /7 天近

3 Auer et al. (2020, 2021, p. 157), Fatas (2021, p. 52), and Auer and Böhme (2020).

4 ECB (2020b, p. 26), Maechler and Wehrli (2021, p. 150) and Auer et al. (2021, p. 157).

5 TIPS = TARGET Instant Payment Settlement. TARGET = Trans-European Automated Real-time Gross settlement Express Transfer system.

乎实时的传输。[6] 基于此种优势瑞典 E-krona 项目也设想使用欧元系统的 TIPS 平台。[7] 瑞士国家银行和国际清算银行共同进行的一项测试表明，传统的 RTGS 系统和分布式账本 / 区块链平台都适 *120*
合使用数字代币进行最终支付。[8]

中国的数字人民币是迄今为止实现规模最庞大的央行数字货币项目，其仍然相对接近传统的基于账户型系统。中国人民银行向六大国有银行和两家大型互联网银行（即微众银行、网商银行）的特定账户贷出数字人民币，而个人客户可以以电子钱包的形式申请数字人民币账户。其中，用于支付数字人民币的电子钱包基于非对称加密的公钥和私钥技术。数字人民币与现金具有同等的法偿货币地位。[9] 有了数字人民币，用户基本上可以支付一切，他们也可以在这一过程中使用商业银行和支付服务提供商的（额外）服务。不过，传统的商行账户和数字人民币账户 / 电子钱包仍然是分离的。目前，数字人民币只能通过发行数字人民币的八大银行与银行存款进行兑换，反之亦然。[10]

第二节　央行数字货币追求的目标和预期的收益

中央银行对引入央行数字货币设置了若干目标和期望。以下

6　ECB (2020b, p. 38).

7　Flodén and Segendorf (2021, p. 103).

8　Maechler and Wehrli (2021, p. 150).

9　De Bode et al. (2021).

10　www.db.com/media/news?tags=asiapacific, 14 July 2021. The Economist, May 8th, 2021, pp. 61–62.

总结了最重要的几点。[11]

1. 货币的互联互通（即互操作性、可兑换性）

根据中央银行的设想，央行数字货币应该加入至现有的货币类型中，而不是取代它们。这意味着央行数字货币及其数字钱包、传输通道和数据库必须在技术上与现有货币类型的支付系统相连。这种互操作性的要求主要涉及与商行货币、基于商行货币的电子货币相关的既存央行 RTGS 系统。互操作性似乎不是一
121 个严重的障碍，但它确实需要额外的技术努力，这伴随着相应的成本。

支付系统之间的互操作性影响十分深远，因为不同类型的货币理应是可兑换的，即央行数字货币可兑换成商行货币或现金，反之亦然。如果没有货币的可兑换性，支付系统的互操作性就没有必要了。

至于稳定币或其他加密货币的互操作性和可兑换性，到目前为止，中央银行和商业银行并没有给予太多关注。也许在很多情况下，私人加密货币仍被视为不受欢迎的竞争，人们宁愿置身其外。加密货币平台将很乐意履行受欢迎的兑换功能，这属于中央银行和商业银行不关注便会错过的相应利润。

2. 提高效率，降低成本

央行数字货币预期的核心益处，在于管理资金和支付方面的效率能够得到提升。这包括与现金、商行货币相比，数字钱包有望更方便地处理支付。除了在线使用外，离线使用也应当适用于

11 Georgieva (2022), Federal Reserve (2022), McKinsey Global Institute (2021, p. 7), De Bode et al. (2021), BIS (2021, pp. 65–95), Fatas (2021), Adrian and Mancini-Griffoli (2021), Boar et al. (2020, p. 4), OMFIF and IBM (2019, pp. 6, 13), and BIS (2019, p. 9).

履行支付承诺。预期提高效率的一个主要因素，是为了实时完成支付而更快地执行交易。从长远来看，这也适用于各个货币区；其中，必须保证数字钱包和资金转移的安全性。

效率的提升理应会带来成本的降低，特别是通过往来账户消除当前银行间支付过程中的一些中介阶段。这听起来很有道理，但互操作性和可兑换性产生了新的成本，这种成本削减能在多大程度上实现还有待观察。

3. **提高效用**

除了提高效率和降低成本之外，央行数字货币还应该增加使用价值，特别是通过数字代币可预见的可编程性，以及与智能合约、物联网相关的金融创新。

另一个例子是自动化短期信贷。这意味着多余的资金可以在一个自我设定的框架内作为小额信贷额度提供给他人，或者某个 122
人可以定制化使用这种服务。这里可以注意到，央行数字货币和现金一样，代表着一种正数值的货币存量，它不能通过透支往来账户而变为负数值。当然，商业银行等机构、个人也可以在既存货币的基础上，或根据实际情况提供的货币授予信贷处理额度。参与自动化信贷安排的资金出借客户必须知道，这意味着一项投资，有利息，但也有一定的风险。与部分担保的商行货币不同，相关的债权债务没有理由让政府担保。

4. **社会普惠**

成本降低的预期也与促进社会普惠的意图有关。这意味着中央银行或商业银行需要向仍没有银行账户的人提供央行数字货币的支付交易和基本金融服务。在新兴工业化国家，这仍然影响着许多人（在许多发展中国家是大多数人）。在这一方面，通过手机应用程序使用的数字钱包可以支持追赶式发展。

5. 保护金融隐私、可验证性和合法性

央行数字货币需要同时满足一些法律要求。由于相互冲突的目标和受法律保护利益之间的必要平衡，这在当前早已十分困难。对于央行数字货币，情况肯定不会变得更容易。

一方面，央行数字货币必须确保金融隐私和数据保护，特别是资金和支付的保密性，以及在可行和法律允许的范围内匿名。同时，在特定情况下，支付交易必须是可追踪和可验证的，这当然要有相应的法律授权或官方指令。商业银行、支付服务提供商和其他相关金融机构必须履行“了解你的客户”职责，并监测洗钱、逃税和其他非法行为。这种义务已经存在，即使可能存在执行上的不足。

央行数字货币的一个受欢迎的“副作用”是，由于非现金支付交易，假钞将变得比现在更过时。根据广泛的专家意见，基于
123 加密特性和即时验证的单一身份，伪造数字代币应该是不可能的。然而，到目前为止，特别是在加密交易平台上，仍可能会发生代币盗窃。防止这种情况的发生，很可能会与保护各自的用户身份相冲突。

6. 提高货币政策有效性、增强金融稳定性

大多数中央银行期望央行数字货币能够提升货币政策的有效性，从而有助于增强货币和金融体系的稳定性和弹性。这反过来又会增强人们对货币体系和中央银行的普遍信心。[12]

由于央行数字货币的广泛流通，货币政策的有效性可以基

12 BIS (2019, 2020), OMFIF and IBM (2019), and OMFIF (2020).

于更强的数量杠杆而得到预期的提高，从而改善政策推动的传导——央行数字货币越多，效果越好；央行数字货币越少，效果越差。言外之意，当前的货币政策不够有效，商行货币机制不稳定，导致其无法抵御自身造成的危机。

作为官方，中央银行没有凭借商行货币机制存在的明显问题以及传统货币政策有效性的显著丧失，来证明引入央行数字货币的必要性。通常情况下，中央银行只是被要求向民众提供央行货币（法偿货币），鉴于现金使用的减少，这种理由似乎是充分的。[13] 但是，现金消失背后存在的系统性（过度）活跃问题仍未被提及。然而，最近，欧洲央行行长拉加德（Chr. Lagarde）和执行委员会委员帕内塔（F. Panetta）公开表示，如果没有数字货币，中央银行将面临边缘化，这一领域绝不能只留给私人支付工具；相反，货币稳定需要央行数字货币形式的“强大货币锚”。[14]

第三节　央行数字货币与商行货币之间的脱媒、替代与竞争 *124*

讨论央行数字货币的前沿话题之一是脱媒（即去中介化）问题。这里很容易各执一词，因为术语“脱媒”（disintermediation）有两种不同的含义。其中一个更应该被称为“替代”（substitution），

13　这已经成为瑞典 E-krona 的基本原则。参见 Sveriges Riksbank (2017, 2018a, b)。关于央行数字货币以数字形式成为现金继承者的研究，可参见 Zellweger-Gutknecht (2021, pp. 31–36)。

14　Lagarde and Panetta (2022).

因为这在一定程度上体现了用央行数字货币取代（replace）商行货币的后果。[15]“脱媒”一词的另一个来源，是将商业银行定性为具有金融中介机构的功能，这一观点错误地假定商业银行使用客户存款作为自营业务的可贷资金。在这方面，人们担心通过将商行货币兑换成央行数字货币，“商业银行主动发行初级信贷的能力”将受到损害。[16]换句话说，央行数字货币将“破坏商业银行基于存款发行的贷款”。[17]

如前所述，随着商行货币机制的兴起，利用客户存款为商业银行业务提供资金的概念通常变得不准确和具有误导性。商业银行只对留存在行内的现金开展具有中介化意义的活动。这一原理并不适用于大部分商行货币（即客户账户余额），因为商业银行确实创造了商行货币，它们不会从其他地方先吸收然后再转移。

相比之下，金融中介在影子银行部门大规模出现。然而，影子银行、支付服务提供商和其他金融机构使用央行数字货币开展相关业务与使用商行货币的业务并没有什么不同。因此，央行数字货币的引入并不意味着作为（不存在的）商行货币中介的商业银行可能会受到损害。恰恰相反，央行数字货币的中介化具有可能性，或许这正是商业银行所需要的。“脱媒”是一个伪命题，更是一种认知上的障眼法。

当涉及用央行数字货币代替商行货币的问题时，情况便有所不同了。期望此种货币替代——比如商行货币和央行货币在货

15 Assenmacher and Bindseil (2021, p. 115).

16 Broadbent (2016, p. 5).

17 Selgin (2021) and Niepelt (2015).

币总量的份额占比上的优先地位发生变动，是不现实的。唯一的问题是，这种情况会发生到什么程度，随着时间的推移，它是 125
会带来商行货币的绝对减少，还是仅仅会损失相对的比重，以及这种情况会发生得更快还是更慢。在此过程中，银行业不会损失可贷资金，因为在当前的商行货币机制下，商业银行无论如何只需要相对少量的可贷资金（即现金和央行准备金）。在大多数情况下，不存在预先存在的资金，因为商行货币作为部分准备金基础上的第二层替代品，已经取代了实际上属于主权基础货币的位置。

随着央行数字货币的引入，部分式融资的特权——即商行货币特权，实际上被限缩至与商行货币相对应的央行数字货币的流通程度。只要商行货币继续被使用，商业银行就得以保留它们的特权。然而，在某种程度上，央行数字货币取代了商行货币，商业银行需要基于央行数字货币为其业务提供全额融资，就像它们过去需要为现金支付提供全额融资一样。在同样的程度上，商业银行也失去了伴随商行货币创造而获得的“准铸币税”。这是一种特殊的比较优势，因为商业银行的融资成本低于非货币金融机构以及其他所有的非银行主体。非银行主体通常不能使用它们自己创建的货币替代品，因此必须为所有交易提供全额融资。

所有关于“脱媒”的讨论，都只是围绕着商业银行的（再）融资特权中可预见的部分丧失。但是，用央行数字货币为银行交易提供全额融资不会造成功能性损害，这正是因为商行货币可以被央行数字货币取代。用央行数字货币代替商行货币，可能会在一定程度上减少商业银行从商行货币创造中获得的利润；然而，就银行信贷与投资的可融资性而言，用央行数字货币代替商行货币在功能上是中性的。[18]

央行数字货币与商行货币之间的竞争不可避免。最初，这一点在中央银行的工作论文中已经明确说明。但后来人们倾向于淡化可预见的竞争，或将其描述为“和平共处”。从长远来看，这是不现实的。央行数字货币肯定不会在一夜之间扩散流通。大多数人往往是保守的货币使用者，他们不会过分精确地计算支付的
126 成本和收益。相反，某些公司将首先发现新货币的优势。因此，随着时间的推移，央行数字货币可能会偶尔取代商行货币。只要不确定性没有增加——甚至没有金融危机，只要中央银行担保银行业的流动性，以及政府为客户的商行货币提供担保，客户就没有特别的理由放弃商行货币，转而支持央行数字货币。

尽管如此，就央行数字货币取代商行货币而言，商业银行从通常可用作融资来源的来源获得所需的央行数字货币。相应的来源包括：第一，客户使用央行数字货币向其银行支付或还款；第二，客户在商业银行的有息数字货币存款；第三，在公开货币市场向其他商业银行和影子银行借入短期或长期的央行数字货币；第四，央行数字货币债券的发行；第五，中央银行通过信贷额度、定期融资招标和公开市场操作进行融资，等等。所有这些都适用于央行数字货币，也适用于目前的现金。

对于当前的商行货币而言，这些来源当中的部分来源收益较低，例如客户以商行货币向某一商业银行支付。如果支付是由外部客户发起的，商业银行将获得额外的可用准备金。相反，如果支付是由内部客户发起的，这将导致相应的银行负债的扣减，而

18 Brunnermeier and Niepelt (2019) and Niepelt (2021).

不是该银行的可用资金变动。央行准备金、现金以及将来的央行数字货币，均会成为商业银行的可贷款资金（不过，这些央行准备金仅限用于银行间贷款和首次购买政府债券）。客户向商业银行提供央行数字货币，就相当于客户向商业银行提供有息贷款。

由于量化宽松政策的实施，全球范围内的商业银行最近获得了数万亿美元的超额准备金。如果将有问题的数万亿美元作为央行数字货币先提供给商业银行，再通过商业银行向公众开放，那么从一开始，对商业银行融资的担忧就会显得毫无意义。这将使货币替代问题、虚构的脱媒问题，以及有待讨论的银行挤兑问题都毫无讨论意义。

第四节　央行数字货币设计原则的影响

央行数字货币仍然在路上。然而，许多央行行长似乎已经急于实现他们长期以来的信念。各国中央银行并没有公开考虑如何快速、大规模地发行央行数字货币。相反，他们公开发表的想法围绕着如何限制和减缓央行数字货币的引入，以避免出现任何被 127
正确或错误地怀疑的风险（即脱媒、替代、银行挤兑）。有趣的是，专家和民众对既有商行货币机制已经习以为常，其存在的主要风险反而被淡化了；与央行数字货币相关的风险尚不存在，而且可能要小得多，因此这些风险被夸大了。

1. 根据市场需求发行央行数字货币

随着央行数字货币接替央行现金的流通使用，商业银行应当有义务满足客户对央行数字货币的需求，这类似于目前根据客户需求将商行货币转换为现金的义务。在实践中，这种根据客户需求提供央行数字货币的义务不应该发挥主要作用，因为影子银行肯定会很乐意提供央行数字货币信贷，这会导致商业银行也会这样做，以免将更多的业务流失给影子银行部门。由于在正常情况下，没有理由担心央行数字货币会以压倒性的方式取代商行货币，这个问题的解决可以留给市场自身的需求。

2. 央行数字货币的无障碍使用

由于许多中央银行对自己的举措持保守防御态度，目前各地的计划不是将央行数字货币的引入留给市场，而是在行政上加以限制。例如，一些中央银行不是为所有人开发（零售型）央行数字货币，而是为商业银行、支付服务提供商、影子银行和有大量支付交易的大公司开发“批发型”央行数字货币。这显然与央行数字货币作为一种普遍使用的现代现金的基本原理相矛盾。随着引入央行数字货币的逐步推进，作为对现实条件下持续技术优化的实用性测试，最初将流通范围限制在作为收付款人的大型机构之间可能是合理的。不过，央行数字货币的前景仍然是尽快作为公共流通中的通用支付手段。通用支付手段这一地位是央行数字货币项目目标中不可或缺的一部分，这不仅因为央行数字货币是传统现金的现代继承者，而且因为央行数字货币旨在针对新兴工业化和发展中国家实现金融普惠。因此，央行数字货币必须是普遍可获得和普遍可用的，即普及至每个人和所有事物。换言之，
128 央行数字货币必须以零售形式提供，而不考虑所有可能的批发型用途。

然而，一些央行数字货币开发者的目标，是限制央行数字货币的可用数量。例如，瑞典央行已考虑将目前的现金支付法定限

额应用于计划中的E-krona。这将每次支付的最高金额限制为250欧元或250美元。[19]此外，可以限制在给定时期内以央行数字货币兑换的商行货币数量，或者可以限制央行数字货币的可用总量，例如限制在M1的10%或20%。这相当于过去二三十年传统现金的比例。

这些公认的“保护主义”措施，旨在保护商行货币免受央行数字货币的竞争。就货币政策而言，这种强有力的数量限制将是无用的，因为它故意保留了商行货币的主导地位，因此很难改变货币政策的相对无效。要使货币政策再次真正有效，央行数字货币的比重必须逐渐达到一个临界水平，比如接近M1的一半甚至更高。

另一个令人关切的问题涉及外国人使用央行数字货币。[20]这个问题对主导储备货币而言尽人皆知，因此不与央行数字货币专门相关。然而，作为传统现金的现代继承者，央行数字货币可能会强化这一问题的重要性。当货币从弱势货币国家流向主导货币或储备货币体系时，问题就出现了。对于强势货币国家来说，这是一把双刃剑，目前主要涉及美元，还有瑞士、新加坡和其他一些国家发行的货币。优势国家可能会陷入“特里芬困境”（Triffin dilemma），即迄今为止，为外国人额外创造的美元一直伴随着美国往来账户的赤字；从某种意义上说，这是一个“奢侈”的问题。

目前对现金数量的限制，或对现金可用性的限制，与现金作为无限法偿货币的法定要求相冲突。继续保持现金的有限可用性

19 Sveriges Riksbank (2017, p. 21). Also ECB (2020a, b, p. 28).

20 Assenmacher and Bindseil (2021, p. 116).

当然不是央行数字货币的目标之一；相反，这一目标在于克服因传统现金使用减少而导致的公众使用央行货币的不幸限制。因此，无论是在数量上还是在目的上，都不要从行政上限制央行数
129 字货币的使用，这是一个指导性的设计原则。相反，央行数字货币作为通用支付手段应当根据一般市场需求而被提供。只有这样，央行数字货币才会成为无限法偿货币，这也是引入央行数字货币的基本目的之一。否则，人们不妨让事情保持原样。

3. **央行数字货币是否应当计息?**

商业银行可以采取的一项措施是，对账户余额支付存款利息，以抵消央行数字货币对商行货币的替代作用。支付利息的做法当然对商行货币有利，但问题在于，在与数字货币（尤其是央行数字货币）的竞争中，商业银行能否负担得起存款利息。可能不能。

除此之外，如果中央银行也对央行数字货币支付利息，银行存款的利息也不会有太大帮助，一些关于央行数字货币的工作论文讨论了这一点。[21] 此外，相关讨论内容还包括建议对央行数字货币支付分层的利率，例如，对持有的低于 3000 欧元的央行数字货币支付一定的利率，高于该门槛的利率则较低。[22] 中央银行在特定时期已经对传统的准备金采用了分层利率。

与此同时，大多数开发者认为央行数字货币作为基础货币，不应该计息。另一个原因是央行数字货币的利息可能只有在以传统央行账户余额的形式出现时才可行。在这种情况下，纯粹出于

---

21 例如 Kumhof and Noone (2018, p. 8), Bordo and Levin (2017, 2019), 和 Adrian and Mancini-Griffoli (2021, p. 75)。

22 Bindseil (2020, p. 22).

实用主义的原因，中央银行可以考虑为基于准备金的央行数字货币支付与商业银行可能为客户存款支付的利率相似的利率。这将抵消商行货币和央行数字货币使用的任何波动。

当央行数字货币以代币形式存在于个人、金融机构、公司等主体的数字钱包中时，情况就有所不同了。在数据保护法下，中央银行获取个人数字钱包的（数据处理）权限将十分困难。与银行账户相似，人们将别无选择地向税务局披露其数字钱包的地
址，但这对中央银行是否也同样适用？事实并非如此，而且中 130
央银行自己也不太可能希望这么做。出于职能划分的原因，税务局不应作为中央银行的"服务提供者"。就商业银行而言，它们已经退出了央行数字货币的"游戏"，因为它们不再与客户钱包的央行数字货币管理有任何关系，这区别于以前的客户银行账户。

传统的现金不能附加利息进行贷记或借记，这同样适用于现代数字货币。除此之外，货币过去和现在都不是一种计息的金融合同，而是一种广泛用于多种用途的支付手段。正如美元纸币上那句简语："该纸币是所有公共和私人债务的法偿货币。"

这指出了对货币持有人不支付或提示支付利息的一个重要原因，美元纸币上的描述并没有包括"该纸币是可转让的信用和债务"。货币作为支付手段或无记名票据，也用于支付信用和清偿债务，它本身不是信用和债务，因此不应该计息。只有信贷关系才能证明利息是合理的，在该关系中，利息由债务人支付给债权人。在当前的经济学理论中，人们普遍认可的信贷和货币的同一性（即"信贷货币"或"债务货币"），实际上是错误的同一性。的确，信贷是由中央银行和商业银行以央行账户余额和商行账户

余额的形式提供的，即专门为支付贷款或进行投资而“凭空”创造的非现金货币。但通过这种方式创造的支付工具并不是信贷关系。账户余额和信贷的等同，或者信贷金额和信贷的等同，只是一种通俗易懂的口头简化，但却令人误解和混淆。

区分账户余额与房贷，与商行账户余额的存款利息并不冲突。商业银行在支付存款利息时，有充分的信贷理由。利息不是基于商行货币这一支付工具生成的补偿，而是基于所涉信贷关系，以商行货币形式提供的支出。商行货币是一种贷款实际支出的替代品，这一贷款以央行货币形式发放。商业银行需要承诺应客户的要求以现金支付商行账户的余额，或以央行准备金形式将余额转移到另一个客户所在的接收银行。商行货币与作为债权人的客户给作为现金债务人的商业银行（在商业银行向其他银行转账的情况下，则为准备金债务人）的现金贷款相关联。

相比之下，央行货币是在中央银行向商业银行发放贷款的过程中发行的，但这并不像商行信贷那样会建立一种相互间的信用
131 关系。各家商业银行欠中央银行本金和利息，而中央银行没有欠该商业银行更多的资金。自从任何挂钩黄金的货币本位制度终结以来，中央银行的基础货币除了自身价值之外，没有其他货币价值。现金、央行准备金以及央行数字货币均属于基础层的法定货币，其既不需要用其他类型的货币保障，也不需要用中央银行的资产进行赎回。因此，中央银行不可能在形式上缺乏本国货币的流动性。在最常见的情况下，央行货币的形式可以互换，比如用央行准备金换取现金，或者用旧钞换取新钞。然而，在信贷方面，中央银行只欠借款人以现金、央行准备金和（即将存在的）央行数字货币形式支付的基础货币。除此之外，中央银行不对商

业银行和使用央行货币的非银行主体承担任何信贷债务，就像现金、央行准备金和央行数字货币持有者对中央银行没有任何请求权一样。

由此得出的央行数字货币设计原则是，妥善处理的央行数字货币不计息。这一直适用于央行纸币，也本应当适用于准备金。一些中央银行的确实行了准备金存款零利率，而另一些中央银行则毫无根据地在持续支付存款利息。

4. 作为"良币"的央行数字货币 vs. 作为"劣币"的商行货币

"劣币驱逐良币"是一条由格雷欣（Th. Gresham）和哥白尼（N. Copernicus）在 16 世纪提出的经验法则。在当时，这意味着优良的硬币——即白银含量正常的硬币，被它们的主人尽可能地保留下来；而劣质的硬币——即那些磨损或故意降低银含量的硬币，则被很快地处理掉。通常，良币与劣币之间的差异与价格平价的变化有关。这种考量也适用于现代的商行货币和央行货币，因为央行准备金和央行数字货币代表着强大的"良币"，而由于保障有限，诸如脆弱的商行货币以及新的货币替代品（即货币市场基金、电子货币、加密货币）则扮演着"劣币"的角色。

这难道不意味着，商业银行不必担心它们的商行货币，而中央银行则有理由担心央行数字货币的囤积吗？这种现象目前还只是一种理论假设。只要中央银行和政府担保商行货币的存在，这种现象就不会出现，商行货币与央行货币 1∶1 的平价就不会有 132
疑问。[23]

与白银和黄金不同，现代的"代币货币"没有商品价值。相

23　央行数字货币与其他类型货币平价问题的讨论，可参见 Bjerg (2017, 2018, pp. 6, 9, 18)。

反，问题在于货币如何拥有安全存量和实现价值稳定。从这个角度来看，央行货币通常是更安全、更稳定的货币。如果情况并非如此，就会出现货币外逃和平行货币的问题。但是，如果存在一种相当稳定的货币，安全的央行基础货币将比没有支持、支持不足或有证券支持的私人货币更具优势。

如今，基础货币的优势在很大程度上转移到了私人发行且保障率低的商行货币，因为中央银行和政府在很大程度上担保了商行货币的存在，从而保证了系统性相关银行的存在。这种信任转移是否也适用、在多大程度上适用于与商行货币共同运作的第三层货币替代物（即货币市场基金、电子货币、稳定币），是值得怀疑的，特别是在保障范围主要为证券的情况下。然而，在某种程度上，人们怀疑中央银行和政府是否有能力实际维持商行货币机制的运作，这在危机中或多或少会发生。人们可以预期的是，商行货币和新的货币替代品将会消失，或者货币将会全部外逃。

在未来的设想中，这也会威胁到商行货币的接受程度及其与央行数字货币之间的 1∶1 平价，从而也会威胁到基于商行货币的新货币替代品；其结果是，商行货币和新货币替代品可能在低于央行货币面值的情况下流通。对冲基金可能开始投机，就像索罗斯（Soros）做空英镑一样。[24] 但在这方面，事情也不像看起来那么明朗。例如在智利，与人们的预期相反，许多商品用现金支付时往往价格较高，而用信用卡或银行转账的非现金支付时往往价格较低。

24 Bjerg (2018, p. 14).

有一个关于货币政策三角困境的模型，其基础是美元作为世界储备货币的更具体的“特里芬困境”，但不要与之混淆。一般的货币政策三角困境基于三个目标：资本的跨境自由流动、自由 133
的货币汇率以及自主的货币政策。三角困境表明，这三个目标一次只能实现两个，而第三个目标必须放弃。

例如，如果国际资本流动是不受限制的，汇率是自由的，那么中央银行唯一能做的就是满足这两个变量的市场活动，并在很大程度上放弃其他货币政策目标及相应措施，或者采取限制资本流动或管理汇率的措施，使其不再自由。

比尔格（O. Bjerg）把货币政策的三角困境转化为央行货币和商行货币的共存。[25] 三个相应的目标是：

- 商行货币与央行货币的 1∶1 平价；
- 两种货币之间的无限制兑换；
- 中央银行的货币政策自主权。

类似的三角困境在多大程度上得以存在，这一问题是开放的。但一个国家如果想实现三个目标中的一个或两个，就必须对其他目标作出让步，这似乎合情合理。如果中央银行希望最大限度地控制商行货币与央行数字货币之间的关系，它就无法提供充分的可兑换性。然而，央行数字货币有限的可兑换性或有限的获取量，可能会危及商行货币的 1∶1 平价，并且政府在紧急情况下对央行数字货币的担保是否会消除这种危险，仍具有不确定性。另外，如果要确保自由兑换，中央银行必须按需求提供央行数字货币。

25　Bjerg (2017, p. 29, 2018, p. 7).

5. 逐步取消国家对非法偿货币支付手段的支持

各国政府可以以自己的方式为央行数字货币的推广作出贡献。例如，一个有效的措施是政府和其他公共部门实体在自己的
134 货币交易中，逐渐倾向于使用央行数字货币而非商行货币。这方面显示的央行数字货币替代商行货币，应当作为建立和推广央行数字货币的明确设计原则。

另一个具有根本系统意义的央行数字货币设计原则，是减少政府对银行存款的担保。商业银行的存款保险应逐步全面私有化。相似的是，对陷入困境的私人商业银行进行资本重组或暂时国有化，不应当再被视为政府干预的一个显著选择。

至于中央银行的作用，它们对商业银行事实上的流动性担保需要受到限制，并需要更详细地重新考虑。当央行数字货币的比重增加时，商行货币在公共货币供应量 M1 中的比重就会减少，这一事实已经导致了一种变化，即商业银行需要以央行数字货币进行全额融资或以央行准备金进行部分再融资，这也为中央银行提供了一定的政策选择。

政府或中央银行可以在央行数字货币的普及范围内采取此类措施。换言之，央行数字货币的普及，可以促使政府或中央银行逐步退出对货币替代品或非法偿货币支付手段的支持或担保。即使政府和中央银行容忍私人货币（即商行货币、货币市场基金、电子货币、稳定币以及无保障型加密货币）的存在，也绝不意味着中央银行、政府、纳税人和银行客户要为此负责（例如通过提供紧急援助的方式）。

第五节　银行挤兑——对央行数字货币设计原则的进一步启示

如今，银行学派学说的继承者声称，引入央行数字货币将破坏货币与金融体系的稳定，货币持有将发生压倒性的变化。[26]相当多的银行家和央行官员十分担心，商行货币的替代可能发生得太快、规模太大。这相当于一场普通的银行挤兑，有可能导致整个支付系统的崩溃。在接受调研的央行行长中，约有 82% 抱有这种担忧。[27]

这种担忧再次含蓄地承认了现有商行货币机制的不稳定性和 135
危机倾向。值得注意的是，在现有的部分准备金体系中，银行挤兑问题被忽视或至少被淡化，但在央行数字货币的背景下，它却被严重夸大了。银行挤兑不会在正常情况下发生，只有在单个商业银行或整个银行业出现危机的情况下才会显得迫在眉睫。有了央行数字货币，这种情况不会突然发生改变，特别是在银行存款有息的情况下，中央银行在某种程度上继续充当了最后贷款人和经纪交易商的角色。然而，在危机模式下，人们可能会挤兑商行货币，转而选择现金或央行数字货币。危机越严重，商行货币在总货币供应中的比重越大，银行挤兑的规模就越大。

但问题从何而来？是央行数字货币造成的吗？不是的。银行挤兑是商行货币机制下部分准备金这一基础所固有的崩溃现象。在紧急情况下，以现金或央行数字货币赎回商行货币的义务只能在很小程度上得到履行，因此商业银行的先前承诺极不可靠。毫

26　参见 Selgin (2021)。
27　OMFIF and IBM (2019, pp. 28, 30).

无疑问的是，银行挤兑自产生以来一直是商行货币的问题，它是商行货币机制的“不祥之兆”。相比之下，央行货币不存在挤兑问题，因为它是主权基础货币，而不是具有允诺性质的第二层或第三层货币替代品。

当然，可能发生的情况是，官方货币的挤兑以资金逃往其他国家货币的形式出现，特别是在发生银行或债务危机的时候，当然也可能偶然甚至长期存在于经济疲弱或者货币体系等行政体系管理不善的国家。无论如何，一旦出现货币外逃的问题，它对商行货币的影响和对央行货币的影响一样大。

不过，就商行货币与央行货币的关系而言，央行货币是稳定因素，而商行货币则是不确定和不稳定因素。央行数字货币越多，相应的商行货币和其他货币替代品就越少，银行挤兑的风险就越低，银行和金融部门危机的严重程度和损害可能性也就越低。

必须再次强调的是，央行数字货币的系统设计原则是“按需可得”，而不是在行政上进行限制以及防止公众进行大额持有。关于商行货币和央行数字货币的可兑换性，有三个原则可以被更详细地阐述：

136 第一，央行数字货币和商行货币通常必须是可互换的。商行货币与央行货币（目前是现金）的可兑换性，一直是并将继续作为商行货币被普遍接受的一个必要先决条件，也是商行货币和央行货币平价的先决条件。[28] 这将以同样的方式，适用于将商行货币兑换为央行数字货币。

28 Ingves (2018, pp. 2, 9).

第二，如果在商业银行之间，以及商业银行与央行之间的交易中，传统央行准备金与央行数字货币可以相互兑换，并且央行数字货币也可以被用于履行先前准备金可发挥的功能，那么商行货币和央行数字货币的可兑换性将大为强化。

第三，中央银行应该作出一份长期的兑换担保，这对于防止银行挤兑非常重要。其效果是，通过中央银行提供足够的数字货币资金，可以随时将商行货币兑换成央行数字货币。

如今，中央银行和政府不得不救助商业银行，现在甚至是救助相关的非银行金融机构，以拯救商行货币。这是一种具有“勒索”性质的约束，因为客户的商行货币——即他们的银行账户余额，在商业银行的资产负债表上被“扣为人质”。相比之下，央行货币不需要被施加救济。无论银行与金融市场发生什么，它都是一种安全的存量，能被安全地持有。

最近的量化宽松救助措施使银行和非银行金融充满了流动性，导致银行部门出现了带有极强“强迫”色彩的准备金过剩。因此，低利率甚至零利率在很长一段时间内将根深蒂固，这反过来又促进了资产通胀、金融市场和房地产泡沫，并大大加剧了社会不平等和政治动荡。房价失控、新冠疫情、俄乌战争，以及造成能源价格失控、供应链中断和部分供给短缺的进一步地缘政治困境，使资产通胀剧烈转变为强劲的实体经济通胀。后一种通
胀当然不能直接归因于央行准备金的泛滥，但很明显的是，从非 137
GDP 金融转向 GDP 金融以及与这一产出相关的开支所涉及的巨额资金，导致了实体经济通胀大幅上升。

这些央行准备金可以根据需求转换为央行数字货币。在央行数字货币数量足够多的情况下，商行货币可以兑换为央行数字货

币。中央银行有能力提供足够的数字货币，并且在紧急情况下也会这样做，这一确定性使得人们担心的商行货币挤兑可能根本不会发生。能确保请求权得到满足的人，或者更准确地说，相信能够随时用央行数字货币赎回商行货币的人，就不需要恐慌。

2008 年之后的危机证明了这一点。由于政府承诺为客户的商行货币提供担保，大规模的银行挤兑并未发生（塞浦路斯除外）。在不同的国家，政府目前为每个账户的商行货币提供高达 10 万至 25 万美元的担保。在紧急情况下，这些资金加起来将达到数十亿甚至数万亿美元；但实际上，政府和议会不可能在短时间内筹集到这么多资金，而中央银行基本上可以做到（在不考虑常规发行做法的前提下）。如果危机发生，即便发生了从商行货币到央行数字货币的转换，这也不会改变现有的货币、信贷和债务数量，不会像现今商业银行和中央银行各自的资产负债表项目突然出现不合理扩张。当然，出现变化的，是通过用央行数字货币代替商行货币来改变货币供给的构成。

需要注意的是，不能排除在银行挤兑的情况下，商行货币与央行货币的 1∶1 平价会带来一定问题，特别是在试图“封锁”商行货币的情况下，尽管对央行数字货币的需求大幅增加，中央银行仍严格限制央行数字货币的供应量。那些认为不存在用不同货币类型支付不同的市场价格的观点是错误的，因为不同货币类型融资利率存在差异的可能性无法完全排除。

只要有商行货币和其他货币替代品需要以各种方式受到支持或保障，银行挤兑问题就会继续存在。央行数字货币适用于减少银行挤兑造成损害的可能性。但问题又一次出现了，为什么人们要把自己暴露在不安全和不可靠的货币这一不利情景中？信贷和投资永远不会是真正安全的，人们也不应该想要这种结果。资本有利息、股息、其他回报或增值，同时也伴随着一定的风险。然而，货币作为金融与实体经济的基本工具，本身不应受到此类风险的影响。货币的价值必须尽可能稳定，最重要的是，其存量必 138
须绝对安全。这就是为什么货币本身、它的创造以及它可灵活调整的存量，不应该成为高风险信贷业务和整个金融经济中不可分割的一部分。

第六节　将央行数字货币投入流通

目前在概念层面的设想，是将央行数字货币以与目前的现金和央行准备金相同的方式投入流通，从而成为被抵押的“信贷—债务”货币。在中央银行向商业银行提供信贷的情况下，抵押品包括合格的证券（主要是主权债券）；在商业银行向客户提供信贷的情况下，用央行数字货币支付的抵押品将被接受（最好是住房或其他客户资产）。这样一来，货币创造仍然由主动的初级银行信贷所决定，尽管目前这种信贷部分以央行数字货币支付（取决于客户的偏好）。与现金一样，商业银行必须完全拥有所需数量的央行数字货币，或者从货币市场或中央银行借入，也可能通过将央行准备金转换为央行数字货币这一方式。商业银行通过客户的赎回支付，或通过客户的储蓄和定期投资获得大部分所需的央行数字货币。如前所述，建议将量化宽松引发的过剩准备金，以央行数字货币的形式提供给商业银行。

另一种明显的可能性是中央银行的公开市场操作，这种操作已经实行了近一个世纪，通常是从私人持有者手中购买已经发行的政府债券。这种做法可以扩大，因为它将不再是以向银行部门注入准备金（并将商行货币贷给出售债券的非银行主体）这一方式。相反，它可以是更广泛的央行数字货币的公开市场发行，从而超出了商业银行的范畴，进而保护了其他金融机构等非银行主体。

紧接着的下一步，应该是中央银行只能够直接但有限地购买新发行的政府债券，这在一定程度上绕过了一级交易商和债券市场，但要根据中央银行的唯一决定权来购买，而不需要政府的任何参与。换句话说，即使是直接购买债券，也应该在“货币主导”下进行，而不是在“财政主导”下进行。在许多新古典主义
139 经济学家看来，这仍然是一个禁忌话题。然而，从历史上看，它绝不是禁区，如今在某些危机情况下也不能被认为是禁区。[29]

在美国，美联储直接购买国债是确保政府拥有持续流动性的一种常见实践，直到 1935 年美国国会予以禁止。第二次世界大战期间，该禁令被暂停。自 1975 年以来，“短期现金管理票据”获得了该禁令的豁免。1981 年，该禁令完全失效。尽管如此，从那时起，各地联储银行再也没有直接购买美国国债，尽管在国会、财政部和美联储达成一致后仍然有可能。[30]

在英国，一种方式和手段的进步持续存在，即与英格兰银行共同建立的常设政府透支机制，该机制涉及的金额自 1968 年以来到 2008 年之前已达 4 亿英镑。在自 1973 年至 2020 年作为欧盟成员国期间，英国保留了维持这一工具的权利。随着 2008 年

29 Adrian et al. (2021, p. 29).

30 Garbade (2014).

金融危机的爆发，透支额扩大到了199亿英镑。[31]

加拿大银行提供了另一种既定做法。它作为政府债券的拍卖商，通过一级交易商和政府证券分销商直接吸收新发行的政府债券的13%至20%。[32]这个过程很顺利，没有人觉得它特别异常。

相比之下，在欧盟，根据《里斯本条约》（TFEU）第123条，向欧洲央行或其成员国中央银行“直接”出售政府债券是完全禁止的。然而，欧洲央行在公开市场上购买主权债券仍不受限制。这可以归结为政府支出的“间接”或追溯性的货币（再）融资。政府债券的最初购买者即一级交易商，是一个由商业银行组成的联合体，它们把大部分债券卖给其他商业银行、基金、保险公司等。在引入欧元之前，一些欧元区国家的中央银行也会直接将央行信贷授予政府，这种信贷至少成为了弥补收支差距的过桥贷款。《里斯本条约》已经从根本上阻止了这类事情的再次发生。

这一禁令的理由主要是担心公共财政缺乏预算纪律，但同时 140
却掩盖了这样一个事实：长期以来，是银行与债券市场在为过度的主权债务提供资金，而商业银行和影子银行在其他私人金融市场也经常容易出现过度繁荣。有一件事是肯定的：对于债券交易者和债券持有人来说，政府债券是一项欣欣向荣的业务。为什么一级债券交易商、养老基金和其他机构、个人债券持有人，就应该对整个主权债券这块最终由税收提供资金的“蛋糕”享有与生俱来的权利？

31　HM Treasury and Bank of England announce temporary extension to Ways and Means facility, Bank of England 09 April 2020.

32　Becklumb and Frigon (2015).

作为央行数字货币的一项设计原则，央行数字货币不仅通过商行信贷向非银行主体流通，或以兑换商行货币而流通，并且在有限程度上，通过中央银行定期在公开市场购买政府债券，通过与中央银行合作的政府透支安排，通过中央银行直接承销政府债券，以及在未来（但仍需解释）通过向公共钱包提供无债务的真实铸币税来流通。专栏 7.1 总结了目前为止研发央行数字货币的设计原则。

专栏 7.1　央行数字货币的十大设计原则

1. 央行数字货币采用数字代币的形式，直接从付款人的数字钱包转移到收款人的数字钱包，从而替代了传统的央行准备金（即账面货币）。

2. 无论是在获取央行数字货币的途径还是可用性方面，对非银行主体、商业银行和其他金融机构、私人客户以及商业客户来说，央行数字货币均为不受限制的法偿货币。

3. 根据市场需求提供央行数字货币，没有被管理的数量限制。

4. 央行数字货币不计息。

5. 随着央行数字货币的普及，政府对商行货币的担保将逐步淘汰。没有中央银行和政府会对第三层货币替代品和未受保障的私人货币提供支持。

6. 根据公法，应逐步扩大央行数字货币在国家机关和其他机构支付交易中的使用。

141 7. 央行数字货币在银行间或中央银行参与的交易中，对传统央行准备金具有可替代性。

8. 在非银行主体的交易中实现央行数字货币和商行货币的相互兑换。

9. 中央银行根据需求提供央行数字货币的长期兑换担保，特别是为了防止可能出现的银行挤兑。

10. 发行央行数字货币的途径，不仅包括由商业银行向非银行主体提供商行信用或将商行货币兑换成央行数字货币，而且还包括在有限程度上由中央银行在公开市场上购买政府债券，以及与中央银行合作的政府透支安排。

其他推荐的发行渠道是由中央银行直接承销一部分新发行的政府债券，以及通过无债务的真实铸币税向公众钱包发行债券。

第七节　稳定币和其他第三层货币替代品的保障

除了央行数字货币的设计原则之外，还有一个问题是如何处理新的第三层货币替代品和无担保型加密货币。

新货币替代品的发行者通常被认为是“狭义银行”，该词起源于 1929 年后为应对银行业危机而发展起来的“100% 准备金银行”。根据这一概念，商行货币应该 100% 由美国财政部或美联储的基础货币支持。为了防止过去三十年的新货币替代品（最初是货币市场基金和电子货币）与部分准备金银行制度相重复，狭义银行原则在早期就得到了应用。正如本书最开始的货币分类中所述，1∶1 保障的原则植根于货币市场基金和电子货币的监管中，并根据国家差异有所变化。

来自商业银行、支付服务提供者和其他持牌电子货币机构发行的电子货币，必须以 1∶1 的商行货币为后盾，而根据金融监管
142 机构的要求，其中一部分也可以以政府票据的形式持有。[33] 商业银行的电子货币存放在相应的客户余额池中，但没有受到 100% 的准备金保障。而作为商行货币特权的一部分，中央银行和政府的 100% 担保似乎是隐形的。

与电子货币不同，货币市场基金最初并不是作为一种支付手段，而是作为一种“货币市场证券”，因为实收的资金全部流入了短期债券、回购交易等。货币市场基金必须只投资于评级最高的资产。货币市场基金向客户承诺，以 1 个基金单位始终等于 1 或 10 个货币单位的方式管理投资，并可提供相应赎回。关于稳定币的同类监管机制构制，目前正在进行中。一个有争议的问题是，稳定币的发行者是否应该像商业银行一样受到监管，即作为创造加密货币替代品的货币信用机构，还是作为一种影子银行、支付服务提供商或其他金融机构。

人们认为商业银行比非银行金融机构受到了更严格的监管，但实际上并非总是如此。虽然随着时间的推移，商业银行不得不接受无数的官僚要求，以换取其特权地位的保留；但在这一过程中，商行货币特权的核心——部分准备金却从未受到限制。相反，准备金要求被废除或进一步降低，并成为一级银行核心资本的一个子类，而一级银行核心资本至少占风险加权资产的 6%。这听起来似乎能解决现实问题，但实际上在紧急情况下，它还是

33 Oliveros and Pacheco (2016) and Hess (2019).

太少了，并且在暗中仍然继续依赖中央银行和政府的援助之手。在这方面，对新货币替代品已经存在的以及仍有待实施的监管，比银行监管更加连贯和严格。

另一个有争议的问题与新货币替代品的保障方式有关——这
种保障的是基础货币（例如央行准备金、央行数字货币），还是
商行货币，或者两者可以结合使用？在银行间货币市场或影子银
行货币市场上，是否应该对发行者设定更大或更小的上限，或者
允许现金等价物和其他投资作为保障资金？如果这些选项中有几 143
个或全部是可能的，那么允许的比例应该是多少？

这些问题现在主要与稳定币有关。谁对它们的持续存在和稳定价值负有实际责任？它们是否应该在像商行货币以及商业银行这样的个体或行业危机中得到救助？例如，在 2008 年银行业危机之前，货币市场基金被认为是完全安全的；直到当年 9 月，由于雷曼银行的损失，“Reserve Primary Fund”基金份额的价格跌至 0.97 美元——不到 1 美元。这引发了对货币市场基金的普遍挤兑。美国财政部感到有必要设立一项“临时担保计划”（Temporary Guarantee Program），该计划向投资者担保每个基金份额价值 1 美元。到目前为止，这仍然是一个孤立案例，但或许是一个先例。很明显，即使有 100% 保障的央行准备金，第三层货币替代品也和所受保障的问题资金一样安全，或一样不安全。

更正确的方式是否为，从一开始就告诉新货币替代品的使用者，它们使用的是私人货币，而中央银行和政府在紧急情况下无法为这些货币提供担保？这就是本书所主张的——完全排除第三层支付手段或无担保型私人加密货币的国家担保，以及中央银行或政府对发行机构的任何支持或救助。否则，危机便会出现，即

新的货币替代品将重演商行货币危机和破产的悠久历史，中央银行和政府将被迫出手相救。

就加密货币和稳定币而言，欧盟委员会认为它们在一定程度上是欧盟《金融市场指令》所涵盖的“证券”，对于比特币和其他无保障型加密货币的交易而言更为如此。另外，只要稳定币作为加密货币市场之外的支付手段，它们就会被视为欧盟《电子货币指令》下的电子货币。[34]

美国总统金融工作市场组于 2021 年发布的稳定币报告建议，将美国稳定币发行人作为联邦存款保险的受保机构进行监管，这包括存款银行（即商业银行）和储蓄银行。[35] 拟议的存款银行分类将使稳定币发行人成为美国存款保险机制的成员，并有资格获
144 得美联储的标准权益，此外在紧急情况下也可以获得美联储和美国财政部的流动性援助。通过这种方式，稳定币将以与商行货币相同的方式和程度得到国家的担保。因此，该建议重现了银行监管的一个基本错误，即中央银行和政府为私人支付手段提供保证。

与此同时，美国总统工作组关于稳定币的报告未能就如何保障稳定币提出建议。稳定币在事实上的（稳定）标准是拥有足够的商行货币，以及可以随时清算的比特币和证券，以满足稳定币兑换回商行货币或比特币的持续需求。作为发行 1 单位稳定币的交换，发行人将获得 1 美元或等值的比特币。到目前为止，稳定币的发起实体如何处理这些收入作为保障资金，一直由其自主决定。但是，稳定币发行人如果承诺随时以美元赎回，则必须向监

34 European Parliament (2021).

35 President’s Working Group (2021, p. 16).

管机构证明其有能力这样做，否则这一承诺行为将被认定为欺诈宣传。

与前述的稳定币报告相反，另一份专业论文拒绝将稳定币发行人分类为存款银行，而是提出了具体的保障建议。[36] 具体而言，这要求稳定币发行人被赋予类似于货币市场基金的“特殊目的投资公司”地位，其目的是发行货币价值与美元锚定或综合性挂钩的稳定币。该立法建议包括以下保障要求：至少 10% 的保障由流动性的美国商行货币或隔夜回购构成；至少 20% 的资金将以流动性商行货币或者剩余期限为 7 天或更短的证券形式持有——在此情况下，只有高等级证券才有资格作为稳定币的保障。来自同一发行人的储（准）备金保障不得超过 5%。这可以分散债务人的风险。

这些要求强调将储备 / 准备金保障按比例分配给隔夜的商行货币（未来也将包括央行数字货币）、类货币和其他现金等价物。但这项提议显然是为不受干扰的正常业务而设计的，在发生危机的情况下，这些要求可能过低，特别是涉及流动性不足和资不抵债的高风险。

总体而言，稳定币的监管原则应包括以下内容： *145*

- 稳定币必须以自己的名义计价。它们可能不以各自的官方货币计价，或者有一个包括官方货币的复合名称，即使它们的汇率与官方货币挂钩。
- 稳定币、货币市场基金和电子货币必须以 1∶1 的比例基于商行货币、央行准备金或央行数字货币发行。

36　Michel and Schulp (2021).

随着央行数字货币的发展，稳定币发行人募集资金的比例应代表商行货币与央行数字货币在 M1 中的比例。

购买第三层的货币替代品时，所有其他支付方式都被排除在外，尤其是无担保型加密货币，例如比特币（其目前成为了稳定币的一种大规模且不稳定的保障品）。

- 支付的款项以及由此获得的任何资产必须以本国货币计价，并由该货币区的金融公司或政府机构发行。
- 发行人必须保证其稳定币在任何时候都有 100% 的价值保障。如果除货币外，保障范围还包括现金等价物，则根据其在 M1 中的比重，保障总范围的一半以上必须是央行数字货币和隔夜商行货币；一小部分可以是现金等价物，最少的部分也可以是长期的最高评级证券。
- 以现金等价物和证券为形式的一小部分的保障（例如最多 5%）可以来自同一发行人（债务人）。
- 中央银行和政府对第三层货币替代物的任何支持和担保，在法定基础上被明确排除。

如果满足上述条件，中央银行的货币政策将能可靠地传递给新的货币替代品。然而，如果假设与预期相反，无担保型加密货币将达到临界数量，那么将会发生什么呢？

在可预见的未来，西方世界不太可能像中国那样禁止加密货币交易。在较小的国家，如果加密货币交易平台继续在国外运
146 营，并且可以不受阻碍地访问互联网，那么这种禁令是否可以实际执行是值得怀疑的。出于同样的原因，似乎几乎不可能限制无保障型加密货币的数量。

然而，央行数字货币和稳定币的存在，并不必然使得针对无

保障型加密货币的防护性措施变得至关重要。这是因为，在某种程度上，央行数字货币以及商行货币和稳定币可能更符合绝大多数人的利益，因为它们具有半可预测的货币价值，而不是未保障的、波动性大即不稳定的加密货币。

如果在自由市场经济中，个人和公司接受加密货币支付，没有充分的理由就不应该停止。货币主权、货币金融稳定以及防止非法金融都是很好的理由，但目前的主流利益集团显然不愿这么看。只要没有国际上对无担保型加密货币的一致法律处理，这个市场就可能仍然是一个动荡不安的区域，加密货币就仍然是投机活动以及地下经济、洗钱和逃税的工具。

监管的底线在于，对稳定币发行活动的宽容将带来一种新的不稳定的准备金银行业务，这不一定是央行的部分准备金，而是缺乏充分保障的准备金。为了重新获得货币主权和有效的货币政策，稳定币不仅需要新货币替代品的 1∶1 保障，而且还需要根据 M1 的构成，其中大部分保障由央行数字货币和商行货币组成。这在某种程度上有助于商行货币的存留，但不会阻止央行数字货币的比重上升和货币供给的相应重构。

参考文献：

1. Adrian, Tobias, and Tomaso Mancini-Griffoli. 2021. How Will Digital Money Impact the International Monetary System? In Central Bank Digital Currency. Considerations, Project, Outlook, ed. Dirk Niepelt, pp. 73–79. London: CEPR Press.
2. Adrian, Tobias, Christopher Erceg, Simon Gray, and Ratna Sahay. 2021. Asset Purchases and Direct Financing. International Monetary Fund, DP/2021/023.
3. Assenmacher, Katrin, and Ulrich Bindseil. 2021. The Eurosystem's Digital

Euro Project: Preparing for a Digital Future. In Central Bank Digital Currency. Considerations, Project, Outlook, ed. Dirk Niepelt, pp. 111–118. London: CEPR Press.

147 4. Auer, Raphael, and Rainer Böhme. 2020. CBDC Architectures, the Financial System, and the Central Bank of the Future. VoxEU/CEPR, 29 October.

5. Auer, Raphael, Giulio Cornelli, and Jon Frost. 2020. Rise of the Central Bank Digital Currencies: Drivers, Approaches and Technologies. BIS Working Papers, No. 880, August.

6. Auer, Raphael, Giulio Cornelli, and Jon Frost. 2021. Central Bank Digital Currencies: Taking Stock of Architectures and Technologies. In Central Bank Digital Currency. Considerations, Project, Outlook, ed. Dirk Niepelt, pp. 155–162. London: CEPR Press.

7. Barrdear, John, and Michael Kumhof. 2016. The Macroeconomics of Central Bank Issued Digital Currencies, Bank of England. Staff Research Paper No. 605, July.

8. Becklumb, Penny, and Mathieu Frigon. 2015. How the Bank of Canada Creates Money for the Federal Government, Publ. No. 2015-51-E. Ottawa: Library of Parliament, 10 August.

9. Bindseil, Ulrich. 2019. Central Bank Digital Currency—Financial System Implications and Control. ECB Working Paper, ECB Directorate General Operations, 30 July.

10. Bindseil, Ulrich. 2020. Tiered CBDC and the Financial System. ECB Working Paper Series, No. 2351, January.

11. BIS. 2019. Proceeding with Caution. A Survey on Central Bank Digital Currency, Written by Christian Barontini and Henry Holden. Bank for International Settlements Papers, No. 101, January.

12. BIS. 2020. Central Bank Digital Currencies: Foundational Principles and Core Features, publ. by BIS and the central banks of Canada, EU, Japan, Sweden, Switzerland, England and USA. Bank for International Settlements, Basel.

13. BIS. 2021. CBDC: Opportunity for the Monetary System. BIS Annual Economic Report, 65–95.

14. Bjerg, Ole. 2017. Designing New Money—The Policy Trilemma of Central Bank Digital Currency. Copenhagen Business School Working Paper, June.

15. Bjerg, Ole. 2018. Breaking the Gilt Standard. The Problem of Parity in Kumhof and Noone's Design Principles for Central Bank Digital Currencies.

Copenhagen Business School Working Paper, August.

16. Boar, Codruta, Henry Holden, and Amber Wadsworth. 2020. Impending Arrival—A Sequel to the Survey on Central Bank Digital Currency. BIS Papers, No. 107, Bank for International Settlements, Basel, January.
17. Bordo, Michael D., and Andrew T. Levin. 2017. Central Bank Digital Currency and the Future of Monetary Policy. NBER Working Paper Series, No. 23711, August.
18. Bordo, Michael D., and Andrew T. Levin. 2019. Digital Cash: Principles & Practical Steps. NBER Working Paper Series, No. 25455, January.
19. Broadbent, Ben. 2016. Central Banks and Digital Currencies. Speech at the London School of Economics documented by the Bank of England. www.bankofengland.co.uk/publications/Pages/speeches/default.aspx. *148*
20. Brunnermeier, Markus K., and Dirk Niepelt. 2019. On the Equivalence of Private and Public Money. Journal of Monetary Economics 106: 27–41.
21. Cunha, Paulo R., Paulo Melo, and Helder Sebastião. 2021. From Bitcoin to CBDC: Making Sende of the Digital Money Revolution, Future Internet 13: 165. www.mdpi.com/journal/futureinternet.
22. De Bode, Ian, Matt Higginson, and Marc Niederkorn. 2021. CBDC and Stablecoins: Early Coexistence on an Uncertain Road. McKinsey & Company, October 11.
23. ECB. 2020a. Study on the Payment Attitudes of Consumers in the Euro Area (SPACE), Frankfurt, December.
24. ECB. 2020b. Report on a Digital Euro. ECB, Frankfurt, October.
25. European Parliament. 2021. Briefing on Stablecoins—Private-Sector Quest for Cryptostability. Brussels: European Union.
26. Fatas, Antonio. 2021. Can Central Bank Digital Currency Transform Digital Payments? In Central Bank Digital Currency. Considerations, Project, Outlook, ed. Dirk Niepelt, pp. 51–55. London: CEPR Press.
27. Federal Reserve of the U.S. 2022. Money and Payments: The U.S. Dollar in the Age of Digital Transformation, Research & Analysis. Board of Governors of the Federal Reserve System, January.
28. Flodén, Martin, and Björn Segendorf. 2021. The Role of Central Banks When Cash Is No Longer King. A Perspective from Sweden. In Central Bank Digital Currency. Considerations, Project, Outlook, ed. Dirk Niepelt, pp. 99–109. London: CEPR Press.

29. Garbade, Kenneth D. 2014. Direct Purchases of U.S. Treasury Securities by Federal Reserve Banks. New York Federal Reserve Staff Reports, No. 684, August.
30. Georgieva, Kristalina. 2022. The Future of Money—Gearing up for CBDC. IMF Speech, 9 February.
31. Hess, Simon. 2019. 100% E-Money and Its Implications for Central Bank Digital Currency. SSRN Working Paper, 26 June.
32. IMF. 2018. Casting Light on Central Bank Digital Currency. IMF Staff Discussion Note, written by T. Mancini-Griffoli et al. International Monetary Fund, Washington, DC.
33. Ingves, Stefan. 2018. The e-Krona and the Payments of the Future. Speech by the Governor of the Swedish Riksbank, Stockholm.
34. Kumhof, Michael, and Clare Noone. 2018. Central Bank Digital Currencies—Design Principles and Balance Sheet Implications. Staff Working Paper, No. 725. Bank of England, London, May.

149 35. Lagarde, Christine, and Fabio Panetta. 2022. Key Objectives of the Digital Euro. The ECB Blog, 13 July.
36. Maechler, Andréa M., and Andreas Wehrli. 2021. How to Provide a Secure and Efficient Settlement Asset for the Financial Infrastructure of Tomorrow. In Central Bank Digital Currency. Considerations, Project, Outlook, ed. Dirk Niepelt, pp. 147–153. London: CEPR Press.
37. McKinsey Global Institute. 2021. The Rise and Rise of the Global Balance Sheet, November.
38. Meaning, Jack, Ben Dyson, James Barker, and Emily Clayton. 2018. Broadening Narrow Money: Monetary Policy with a Central Bank Digital Currency. Bank of England Staff Working Paper, No. 724, May.
39. Michel, Norbert J., and Jennifer J. Schulp. 2021. A Simple Proposal for Regulating Stablecoins. Cato Briefing, No. 128, November 5.
40. Niepelt, Dirk. 2015. Reserves for Everyone—Towards a New Monetary Regime? VOX CEPR's Policy Portal, 21 January. http://voxeu.org/article/keep-cash-let-public-hold-centralbank-reserves.
41. Niepelt, Dirk. 2021. "Reserves for All": Political Rather Than Macroeconomic Risks. In Central Bank Digital Currency. Considerations, Project, Outlook, ed. Dirk Niepelt, pp. 39–44. London: CEPR Press.
42. Oliveros, Rosa M., and Lucia Pacheco. 2016. Protection of Customers' Funds

in Electronic Money: A Myriad of Regulatory Approaches, BBVA Research. Financial Inclusion Watch, 28 October.

43. OMFIF. 2020. Digital Currencies—A Question of Trust. Written by Bhavin Patel and Pierre Ortlieb. OMFIF, London.

44. OMFIF and IBM. 2019. Retail CBDCs, the Next Payments Frontier. London: Official Monetary and Financial Institutions Forum and Costa Mesa, CA: IBM Blockchain Worldwire.

45. President's Working Group. 2021. Report on Stablecoins, November (Full authorship: The President's Working Group on Financial Markets, the Federal Deposit Insurance Corporation, and the Office of the Comptroller of the Currency).

46. Selgin, George. 2021. CBDC as a Potential Source of Financial Instability, Cato Journal 41 (2) (Spring/Summer).

47. Sveriges Riksbank. 2017. The Riksbank's E-Krona Project. Report 1, Stockholm, September.

48. Sveriges Riksbank. 2018a. The Riksbank's E-Krona Project. Report 2, Stockholm, October.

49. Sveriges Riksbank. 2018b. Special Issue on the e-Krona. Sveriges Riksbank Economic Review 2018: 3.

50. Zellweger-Gutknecht, Corinne. 2021. The Right and Duty of Central Banks *150*
to Issue Retail Digital Currency. In Central Bank Digital Currency. Considerations, Project, Outlook, ed. Dirk Niepelt, pp. 31–38. London: CEPR Press.

151 第八章

央行数字货币条件下的中央银行与货币政策

第一节　货币政策目标：是否控制货币创造、通货膨胀、利率、经济增长和就业

如果不反思中央银行的演变历程，讨论央行数字货币和货币体系的发展将是不完整的。通常来说，中央银行是央行数字货币的发行者和货币体系的管理机构。自诞生以来，中央银行的作用不断演变，其范围涵盖了从狭窄的业务划定到广泛的法定授权，这在专业上和政治上都引起了争议。

基于国家和历史的差异，中央银行在制度安排和货币政策立场上可能有所不同。尽管如此，它们还是要分担一定的职责。中央银行被视为一个国家货币主权的守护者和官方货币的保管人，其中包括维持货币购买力（限于货币因素），而这反过来又涉及管理货币的外汇汇率。然而，各国的货币守护者长期以来一直忽视了在控制国家货币存量（支付手段）、总货币供应量的构成，以及主权货币的供应量（该供应量首先应确保货币政策的有效性）方面的货币主权。

152 基于中央银行的声明和公众对货币政策的讨论，这样的印象可能会产生：中央银行的任务是控制通货膨胀和利率水平，而向

（实体）经济提供货币和控制货币存量似乎并不是中央银行业务的一部分。在当前条件下，后者并非完全无关紧要，但仍然存在对为什么需要中央银行的误解。在没有直接行政干预的情况下，中央银行可以做的首先是创造央行货币（纸币、央行准备金，以及未来的数字货币），其次是设定央行货币的利率。事实上，这是它们能做的，其他的事情它们只能“尝试”，特别是试图影响商行货币和其他货币替代品的创造，以及试图影响货币的外部价值、通货膨胀和利率水平。对此，中央银行是否以及在多大程度上成功做到这一点，往往还不清楚。

同中央银行诞生的原因一样，它们最初的任务是发行货币——央行纸币。从19世纪下半叶开始，商业银行的系统性再融资以及中央银行专门为商业银行提供的账面货币（即央行账户上的准备金）才逐渐增加。从一开始，央行货币的发行就不可避免地与这个问题联系在一起：央行货币有多少？发行多少货币可以避免不必要的副作用，尤其是通货膨胀？

因此，货币创造是在货币数量理论的背景下进行的，可以追溯到16世纪博丹（J. Bodin）的通货膨胀理论，该理论在西班牙白银通货膨胀的背景下被提出。根据这一理论，通货膨胀是由货币超发引起的。这种研究通货膨胀的基本方法持续了几个世纪，直到最后一种极端的数量论的出现，即弗里德曼（M. Friedman）所说的“货币主义”（Monetarism）。作为当时盛行的凯恩斯主义的对立面，货币主义在20世纪60至80年代广泛传播。弗里德曼假定，通货膨胀“无论何时何地都是一种货币现象”。[1]

1　Friedman (1991, p. 16, 1992, p. 198).

简单而言，更多的货币意味着更多的需求，如果供给没有随着需求的增加而增加，那么就会造成更高的通胀率。货币政策的
153 结论是，为了对抗通货膨胀，必须限制货币供应量的增长，甚至将其与金银块的储备量保持一致，或者按照固定的年增长率（弗里德曼建议每年 3% 或 4%），或者采用像 2100 万比特币一样的总量限制。遏制甚至固定货币供应量的增长已经被尝试过多次，但从来都不奏效。最近中央银行限制货币供应量，主要是因为随着商行货币体系的发展并占据主导地位，导致中央银行逐渐丧失对货币创造的控制权。但是，为商业银行设定有限的央行准备金头寸，并未能有效限制商业银行的货币创造。创造货币的主动权在商业银行，而不是中央银行。中央银行的货币供应并没有起到限制乘数基础的作用，反而对中央银行再融资带来了实际约束。因此，随着时间的推移，央行主动要求的基础货币（即部分准备金）占商行货币的比例变得越来越小。

利率政策是货币数量政策的替代方案。尽管使用次数越来越少，但无论是在银行间货币市场还是直接通过央行信贷，商业银行仍然依赖央行货币（即纸币和准备金）为基础的再融资。假设中央银行利率的上升 / 下降会导致银行间利率的上升 / 下降，这将会抑制 / 鼓励商业银行借入准备金，从而间接抑制 / 鼓励商业银行向非银行金融机构和公众提供贷款即商行货币的创造。

这种利率政策的效果和数量政策一样糟糕。实际原因在于，需要再融资的部分现金和准备金基数远小于商行货币的总额。进一步看，商业银行的息差几乎总是保持在足够高的水平，也就是说，商业银行对其发行贷款设定的利率通常高于其在货币市场上为准备金支付的中央银行和银行间利率（毕竟商业银行仅需以其

创造的商行货币中的一小部分作为准备金）。[2]

利率政策有效性弱的论点可能会被反驳，因为央行利率的变化受到市场的高度关注，并在商业银行对自身银行贷款利率的预测计算中发挥作用。但是，当银行客户业务与资本市场所涉及的商行货币数量，多倍于涉及中央银行和银行间贷款的央行货币时，银行业利率以及资本市场利率为什么要机械地跟随中央银行和银行间利率呢？既然中央银行利率和银行同业拆借利率都不能机械地决定银行业利率，更不用说资本市场利率了。 154

单就传导机制而言，目前尚不清楚这是否属于一种全行业政策领导的沟通机制，而不是由实际供需背景下的灵活价格设置所决定的市场运作机制。这种机制被称为认知上的“复杂性弱化”，银行家和其他金融参与者显然很欣赏这种机制，而不是将其视为一种软性的“中央计划”，虽然它可能看起来是这样。

在这方面非常有趣的是周期性拐点，例如从通货膨胀到通货紧缩，从利率上升到利率下降，或者通货膨胀和利率从下降到上升的转变。例如，从 2020 年的反弹现象来看，设定新方向的主体可能是中央银行，而不是主要市场参与者。但迅速推升的通胀却是意料之外的，中央银行当然也不希望出现这种情况。除了量化宽松导致的房地产资产通胀外，当前通胀不能归咎于中央银行，而是要归咎于包括新冠疫情、俄乌战争、地缘政治动荡和供应链中断在内的多种因素。

2　关于利率的术语在国际上并不完全统一。“中央银行利率”（central-bank rate）是商业银行向中央银行借款所支付的利息，也称为短期银行利率或再贴现率。“银行同业拆借利率”（interbank rate）是银行同业拆借的准备金利率，也称为隔夜拆借利率。“银行业利率”（banking rate）是银行向非银行客户发放贷款时收取的利息，也被称为年百分比利率（APR），或被称为容易引起误解的“基础利率”。

随着利率的逆转反弹，情况则更加明朗。与美联储和英格兰银行不同，欧洲央行实际上希望延续中央银行一直在推行的顺周期金融抑制政策。然而，对于商业银行和其他金融机构来说，在低利率至零利率的情况下运营变得越来越困难，这将导致它们的利润缩水。欧元区和其他地区的负利率政策被证明是适得其反的。尤其重要的是，各国中央银行最终不得不应对资产通胀，尤其是房地产通胀，而各种金融机构已经开始自行提高利率。

155 中央银行利率、银行同业拆借利率、银行业利率以及资本市场利率之间的因果关系涉及复杂的双向动态，而不是从中央银行开始的简易单向路径。在给定的整体反馈循环中，中央银行的决断力也仍然有限。中央银行究竟是“行动领袖”还是“意见领袖”，往往难以分辨，而且它们往往是后者，即希望市场会遵循它们的指引，而在主导的推动方向上，中央银行则遵循市场的实际引领。

这并不是说中央银行的政策没有作用，中央银行当然是重要的市场参与者，这不容置疑。相反，问题在于中央银行利率（在央行货币供应的短杠杆上）是否能够引导货币供应量和最优利率的总体平衡发展，或者它们是否不会引发过度解读，以及金融和信贷的另一种过度反应。

人们可以将 1930 年左右以来一系列货币政策方法，解读为一部试图掌控日益占主导地位的商行货币机制的失败尝试史。20 世纪 30/40 年代，美国实行 100% 准备金制度的目的在于重新控制货币供应量的增长，或者控制货币信贷的扩张。这一尝试在政
156 治上被规避了，取而代之的是一个无关紧要的独立银行体系。剩下的就是货币政策仅作为单纯的利率政策，其有效性随着商行货

币体系的发展而下降。

之后的货币主义确实再次关注货币供应量。然而，试图通过准备金头寸（即通过可用央行货币的数量）来控制商行货币创造的做法，与试图通过央行利率重新获得更多控制权的做法一样，其效用也在不断递减。原因在于，央行货币在货币供应总量构成中的比重在下降，而日益占主导地位的商行货币的比重则在继续扩大。坦率地说，当时开始并延续至今的"无条件宽松"政策，导致中央银行成为银行业的辅助机构。

在央行货币取代商行货币、央行数字货币主导货币供给的前提下，央行利率将成为主导利率，进而使得货币政策传导不力的难题被克服。但即便如此，货币政策应当决定价格和利率水平的观点在政治上也是错误的，因为它在现实中失败了。

对于货币供给和价格水平之间的关系，货币主义持简单化和确定性的观点。相比之下，"适应主义"（Accomodationism）倾向于完全抛弃货币数量论。然而，假设货币供应量和价格水平之间根本不存在联系（在2021/2022年之前更常见），这一观点无论在理论上还是在经验上都缺乏真实基础。货币数量论的基本内容不应受到质疑，目前较为紧迫的是对理论内部进行适当区分和相对化处理，这一理论创新包括三个要素。

第一，形式上的非活跃货币（例如以M2/M3/M4或类似加总的银行存款形式）以及实质上的非活跃货币（例如以剩余的央行超额准备金形式）对需求引发的通货膨胀没有影响。它们在这一点上不存在关联。"大量货币"本身并不会造成通货膨胀，而是仅应当考虑流通中的活跃货币。当有效需求相对实际供给结构性过剩时，就会发生通货膨胀。然而，需求侧"大量货币"的存在无疑有利于增强从供给侧推动更高价格的意愿。

第二，在区分了GDP金融和非GDP金融之后，货币的使用也有影响GDP的和不影响GDP之分；相应地，也有不同程度的实体经济通胀（即CPI）和资产通胀。更详细地探讨CPI与资产通胀之间的关系，将对宏观部门的货币政策具有相当重要的意义。

第三，除了货币原因导致的通货膨胀之外，还有许多非货币原因导致的通货膨胀。后者主要是由于要素供给的结构性短缺，例如劳动力人口、技能和素质的供给，或资源、能源、运输、住房等的供给。这个问题本身是众所周知的，但这似乎并不适用于货币政策由此产生的后果。例如，如果通过提高利率来应对因要素短缺而导致的通胀，这将直接导致滞胀，加剧而不是消除要素
157 供给的短缺。加息也有可能被当作对抗通胀的措施，但这与货币的汇率更为相关。

到目前为止，关于货币政策影响价格和利率动态的能力的观点，也可以比照讨论中央银行的另一个主要目标，即支持实体经济发展和促进就业。关于通过货币政策促进经济发展，从一开始就很清楚的是，中央银行可以对商业周期作出贡献，但通常无法控制其转向时点。

欧盟《里斯本条约》(第127条）将中央银行的经济政策任务置于物价稳定的目标之下。但在美国和大多数其他货币区，却没有这种固定的优先顺序。无论如何，人们都不应指望议会、政府、法院或中央银行做它们不能做的事情。货币无疑是经济活动的基础，但不能由此得出价格、利率、金融周期、商业周期、就业水平等可以由货币控制的结论。

中央银行不应对它们只能部分或间接施加影响的事情履行主要职责。相反，它们应当就自己能做的事情承担全部责任，即用自己的通货创造货币，并以足够的数量和适当的方式进行流通。事实上，中央银行最基本的任务是向社会公众提供能够从流通中产生收入的货币，而非直接提供收入。创造货币供给，或者至少是主导基础货币的供应，并运营相关的支付系统，同时严格控制货币替代品，这是中央银行可以做的，或者应该能够全面做到的。如今，这种情况在很大程度上并非如此，或者只是表面上如此。

如果在货币供应总量中，央行控制着数字货币的主导份额，那么采用增加 / 减少央行数字货币，或者提高 / 降低中央银行对数字货币的利率的货币政策，将比现如今更有效地影响金融和实体经济事件的进程。即便如此，货币数量和利率政策不能也不应该全部起决定性作用，但它们可以是有效的。政策传导的强弱取决于中央银行的货币供应量在一般公共流通、非银行金融和银行间循环中的权重大小。随着央行数字货币数量的增加，货币政策
将变得更加有效。这是因为央行数字货币在货币供应总量中的比 *158*
重越大，央行利率和央行数字货币数量的传导杠杆越强。

第二节　中央银行的独立性：既独立于政府，也独立于银行与金融业

1. 银行的银行？国家的银行？

根据一种常见的区分，中央银行被描述为“银行的银行”以

及“国家的银行”。在这方面，情况也有了根本的变化。在瑞典（1668年）、英国（1694年）、法国（1800年）、奥地利（1816年）和其他国家，中央银行最初是作为国家银行而存在的，其中最常见的是作为国王和王室贵族的私人放贷者，从而被赋予发行以国家货币单位计价的纸币的特权，当然，这并不排除中央银行在当时向商业银行和其他私人借款人提供贷款。相比之下，今天大多数中央银行已成为国营的国家货币当局，但又几乎完全充当银行的银行，而对政府支出的直接融资贡献很少或实际上没有贡献。

在过去的金融危机过程中，货币政策的发展方式已经超出了这一框架。一方面，中央银行在公开市场上大规模购买政府债券。通过这种方式，中央银行为持有债券的商业银行和影子银行提供再融资，从而间接地为政府之前生成的债务融资支出提供再融资。早在2008年之前，各国中央银行就在这么做了，自那以来的量化宽松危机政策更是如此。

另一方面，中央银行作为“银行的银行”这一角色已经扩大。它们的干预不再仅仅涉及银行业，还直接或间接地涉及影子银行和整个私人金融部门。确保系统相关的非银行金融机构的流动性和偿付能力，已成为中央银行的一项附加职能，这一职能虽未获得制定法的确认，但已在事实上存在。此种职能扩张的原因是，影子银行在商行货币的基础上运作，部分还使用基于商行货币的新货币替代品，进而使业务量达到了与商业银行相当甚至超过商业银行的规模。

从这个角度来看，我们可以说中央银行的职能出现了扩张，既要成为“私人金融”的银行，也要暂时间接地成为“公共财

政”的银行。在为银行部门的部分准备金进行再融资的前提下，159
“银行的银行”意味着只要还有商行货币存在，中央银行就会继续存在。随着时间的推移，有资格获得中央银行（再）融资的金融机构的范围可能会扩大。同样，将央行数字货币分发到公共循环中，可能不再是商业银行的专属特权。随着商行货币失去主导地位，这种特权也将不复存在。

“私人金融银行”或“公共财政银行”一类的标签，并不意味着中央银行应当是一个面向所有人和所有事务的通用贷款机构。唯一的问题是，中央银行仅拥有有限的法定货币授权。中央银行负责管理自己发行的货币，并为整个经济提供最优的总货币供应总量。在某种程度上，央行货币以信贷和债务的方式进入流通环节，这主要通过中央银行对商业银行的信贷，在适当的情况下也包括对非银行金融机构和政府机构的信贷，以及通过购买公共债券的信贷，在某些情况下，甚至还包括购买私人债券，无论是直接初始购买还是间接在公开的二级市场上购买。

央行信贷是基础货币信贷，其增加了基础货币，而央行信贷的赎回减少了基础货币。应该有尽可能多的以现金、央行准备金和央行数字货币为形式的基础货币，因为中央银行认为这些基础货币对货币政策的实施来说是适当的。其他一切都必须留给商业银行、影子银行等金融机构在一般的货币与资本市场的贷款或投资活动，特别是在涉及中介信用的情况下。中央银行通常不会参与这些市场，而最多只涉足至货币政策所需的程度，例如公开市场操作。然而，如果有必要，中央银行必须保留在私人机构授予货币信用（即创造有担保或无担保货币替代物的信贷）的情况下间接甚至直接干预的权利。

2. 财政和预算职能的独立性

随着央行数字货币在 M1 中的比重达到相当大的数字，央行货币和货币政策将变得比当今更具有货币意义上的决定性。然而，在一些评论人士看来，如今央行重要性的提升，几乎是条件反射式地让人联想到央行是一个势不可当的官僚庞然大物。然而，巨兽般的货币当局，甚至是中央财政“计划”当局的形象，
160 都是一种不真实的推测。中央银行的作用被夸大了，而且在一定程度上被扭曲了，这往往与批评公共财政有关，而银行部门的决定性作用和非 GDP 金融的特殊作用往往被淡化或忽视。

高比重的央行数字货币，甚至是假设的央行货币垄断，都不涉及发布具体指令的能力。中央银行的重点是经济的货币框架，在这方面，各国中央银行负有共同的职责。当然，这不是指令性干预主义，而是通过设定货币框架条件来进行货币宏观调控。中央银行必须对本国货币和以该国货币计价的货币拥有权力，但不能超越这种权力，同时不妨碍中央银行、私人金融机构和公共财政之间必要和理想的交互接口。

在以国家权力制衡原则为基础的宪制国家中，中央银行的国家地位和独立性得到了确立。这似乎是矛盾的，但在某种程度上，这与司法独立是完全一致的。随着现代货币和中央银行的发展，将它们视为国家行政部门的一部分（比如财政部的上级权力机构）已不再适宜。

比以前更清晰的是，中央银行正在成为行使国家货币主权的国家货币当局，这种货币权力实际上是行政、立法和司法部门之外国家的第四权力。在这一职能中，货币政策必须是独立的，其独立性堪比司法。中央银行的独立性一般涉及货币政策问题，特

别是对货币创造和货币供应总量的控制。在这些问题上，中央银行不得受制于政府指令的约束，并能够根据自身情况作出货币政策决定，尽管这是基于一项足够精确地规范了中央银行目标和权力的法律授权。目前中央银行活动的法律基础，还没有得到充分的阐述。将价格稳定作为首要目标，甚至是唯一目标，并让中央银行的管理委员会任意解释其中可能包括或不包括的内容，以及通过何种方式可以实现这一目标，这并不是一种适当的安排。

中央银行在货币政策上独立于政府，尤其是财政部，这与两 *161*
者的角色分工有关。中央银行承担货币职责，它没有财政和预算的职责，更没有为政府支出进行融资的职责。[3]财政职责完全在于政府和议会，而政府支出的常规融资方式是税收、征费、其他收入和借款。中央银行也可以对政府支出提供货币融资，但从稳健财政的视角来看，央行只能在有限的范围内发挥作用，同时受货币政策的约束，而不是预算和财政政策。

货币政策必须由货币决定，遵循“货币主导”的原则。这并不像听起来那么微不足道和不合逻辑。其明确含义是，货币政策不应接受“财政主导”，无论好坏，都不应单方面只服务于公共财政。货币政策也不应单方面受银行部门的主导，或者更普遍地说，受金融市场的主导。

独立且由货币决定的货币政策并不排除中央银行对政府的信贷，也不排除在未来向财政部转移真实铸币税。中央银行从外汇交易、商业银行再融资和公开市场交易中获得的利润——“计

3　另参见 Buiter (2007, 2014b)。

息铸币税”，被恰当地转移到财政部。央行主权货币所创造的收益——“真实铸币税”可能超出了中央银行的信贷活动，这种收益不会到达其他任何的指定地点。关键在于，中央银行而非内阁或议会独自决定了基础货币的信贷和真实铸币税。随着央行数字货币在货币供应总量中的比重越来越大，央行主权货币创造的收益——计息或真实铸币税，也将会增加。

在独立货币政策的框架内，中央银行能够而且必须再次以特殊方式为公共财政作出贡献。除了铸币税，这还包括为财政部提供规模可观的央行透支便利。另一个例子是有限的新发行政府债券的直接承销比重。这将被限制在一个框架内，即由中央银行在
162 纯粹货币考量的基础上正式界定和使用，包括决定使用哪种渠道将多少央行货币投放市场，同时在紧急状态下必须允许例外。

货币与预算 / 财政职责的分离，意味着中央银行不负责对政府项目提供资金，或将货币政策与政府政策的特殊目的联系起来，无论这些目的在多大程度上符合公共利益，例如社会、环境或技术。许多公民运动一直在呼吁“绿色货币政策”，甚至要求中央银行共同出资，例如无条件基本收入或能源、农业等领域的环境项目。[4]但如果这样做，中央银行将过多地纠缠于执政内阁和议会的职责之中，同时也会过多地干预资本市场。

当然，政府可以利用中央银行的信贷和铸币税来为这些项目提供资金，因为与货币的创造不同，货币的使用是市场和政府的事情，其原则上不属于中央银行的事务（除了少数宏观框

4 关于利用央行货币创造为全民基本收入融资，参见 Crocker (2020, pp. 42–68)。关于绿色货币政策，可参见 Jourdan and Beckmann (2021) 和 Jourdan and Kalinowski (2019)。

架的不明确情况)。这也适用于一个热议的话题，即中央银行从主权货币创造中获得的计息和真实收益，是否应该用于经常支出、削减公共债务、减税、公民福利或气候政策。然而，所有这些仍然是议会、执政内阁和相关具体部委的事务。正如法院不应该弥补立法的不足，中央银行也不应该承担未充分完成的政府任务。

3. 与银行和金融业相关的独立性

中央银行的独立性还有另一个方面，即对一般的银行部门与私人金融相关的独立性。中央银行必须独立于这些机构，就像独立于各自的政府一样。然而今日，在商行货币机制下，中央银行面对银行部门(现在也包括影子银行)的独立行动完全是虚幻的。各国中央银行实际上是在指责自己充当银行业的辅助机构。由于货币主动权主要掌握在商业银行手中，它们创造了货币 163
事实，中央银行别无选择，只能加以适应。然而，不能一直这样下去。在某种程度上，通过央行数字货币和可能的稳定币对货币供应进行重组，商业银行与中央银行之间的联系将会有所松动；央行货币在货币供应总量中所占的比重越高，这种情况就越明显。

货币政策相对于银行业和私人金融的直接需求的独立性，意味着在这种情况下也有相应的职能划分，即货币政策职能(包括外汇政策)与一般信贷与金融市场职能之间的划分。目前，在这方面的界限是模糊的。在货币方面，通过货币信用(区别于中介信用)创造货币并不是中央银行的唯一特权，而目前主要是由商业银行以及第三层货币替代品和加密货币的发行人进行的。在金融方面，中央银行不可能总是避免干预一般的信贷和金融市场。

中央银行的公开市场操作可能是出于货币原因，但可能会干扰债券市场。中央银行干预一般信贷与金融市场的另一个例外原因，当然是2008年以来的危机。所采取的量化宽松政策旨在总体上稳定私人金融和公共财政。具有讽刺意味的是，在这种情况下，银行家、金融市场和财政部长们都对被称为中央银行的庞然大物感到高兴，他们显然认为中央银行的支持是理所当然的。

中央银行理应负责货币供给的宏观管理。然而，现有的制度建立在货币和信贷的虚假身份上，因为货币的创造与银行部门和其他货币替代品发行机构的贷款和投资活动密切相关。中央银行应该保留对整个货币领域的宏观调控，但事实上，几十年来，货币调控权持续从中央银行手中被夺走，这主要是由于货币和信用的虚假身份。考虑到这种具有两面性的联系，只有同时控制发放货币信贷或以其他方式发行私人货币的私人机构所开展的金融活动，中央银行才能继续控制货币供给。既然人们理所当然地不希望中央银行施加如此广泛的金融控制，那么在私人信贷和债务货币的普遍条件下，中央银行不可避免地会失去对整体货币供给的控制。

164 由于这些原因，在目前的条件下，区分货币和金融是相当棘手的。然而，可以得出这样的结论：中央银行在提供基础货币、设定中央银行利率和对整个货币供给实施宏观调控的基础上，承担货币政策的职责。相比之下，中介货币市场、资本市场乃至整个金融经济，基本上不属于中央银行的业务。然而，只要央行货币是通过贷款或购买主权债券的方式发行的（而不是通过无债务的真实铸币税），中央银行作为资本市场的参与者（尤其是在主权债券市场上），仍然保持部分活跃。

信贷与数量、时间、利率和还款条件有关。此外，信贷几乎总是与特定目的联系在一起（透支除外）。商业银行和影子银行对信贷的这种指定用途，不会被视为具有银行业计划经济的表现。央行信贷也可能涉及向商业银行提供贷款从而与宏观结构目的相关联的情况，这里指的是宏观经济部门（GDP 和非 GDP 金融、私人金融和公共财政）。这仍然属于货币框架的调节范围，远非任何形式的中央计划。

与中央银行信贷相关的宏观条件的一个例子，是欧洲央行的 TLTRO 计划。有了该计划，商业银行对企业的贷款就可以以优惠条件进行再融资，前提是这些贷款用于实体经济支出和投资。这些指定的央行贷款总额，在 2021 年年中达到了 2.2 万亿欧元。[5] 该计划是量化宽松政策的一个成功部分，其专门被设计为“针对实体经济的量化宽松”，以避免像其他大多数政策一样仍然是“针对非 GDP 金融的量化宽松”。

这一原则可以应用于绿色 TLTRO，即为能源、农业、交通、建筑、采矿、用水管理等生态现代化领域的银行贷款进行再融资。[6] 为这些项目提供资金的是商业银行和影子银行；中央银行仅根据一定的宏观部门标准给予优惠的再融资条件，在此情况下，
环境经济作为一个基础广泛的跨部门经济得到优惠融资。然而，165
除了这些宏观结构性特例之外，中央银行不应该影响商业银行和其他金融机构的贷款和投资。

5　Barbiero et al. (2021).

6　van't Klooster and van Tilburg (2020) and Jourdan et al. (2021). 欧洲央行行长拉加德明确表示支持绿色 TLTRO。

第三节　回应性货币政策的参考变量和工具

就货币政策而言，如果要对当前的形势作出回应，并可以进行适应性调整，以下三个方面应当被区分开来：（1）货币政策的参考变量；（2）货币政策类型；（3）货币政策工具。

参考变量包括一系列关于货币和金融稳定、经济发展和就业的数字。货币政策措施是对这些关键变量的发展进行分析和评估的结果。很明显，各国中央银行已无法再避免扩大与其相关的问题和指标的范围，以及可使用工具的范围。然而，尽管欧盟法律规定，欧洲央行可以在与货币和金融稳定相一致的范围内支持经济政策（《里斯本条约》第 127 条），但欧洲央行已逐渐将其职责缩小到消费者价格稳定的范围内。与欧盟法律不同，美联储的货币政策更加强调货币对经济政策的支持。

货币政策最重要的参考变量包括：

- 某一货币的外汇汇率；
- 实体经济价格；
- 利率；
- 经济周期与实体经济增长、结构变化和就业；
- 资产价格；
- 金融周期、可能的资产通胀和泡沫。

货币供应量或货币数量不是一个参考变量。货币政策本不应设定货币供给目标，这听起来可能有悖直觉。但货币供给本身不是目标、不是终点，而是货币政策的工具，是实现目标的手段。货币供给必然有一定的理由和因素，试图预测或规定相关的货币
166 数量是徒劳的。这是货币主义的一个基本错误，也是要求建立新

金本位这一呼声的基本错误。经济形势瞬息万变，货币政策必须能够灵活地考虑到不断变化的供需动态，有时是顺周期的，有时是明显逆周期的。

很长一段时间以来，各国中央银行都没有正式承认资产价格和非 GDP 金融的发展与货币政策特别相关。它们当然监测了失控的资产价格，但没有具体和明确地对金融周期中的货币作出回应。金融周期和实体经济商业周期可以相对独立、不一定同步，这一事实在经济学和货币政策领域尚未得到应有的广泛认识。随着 2008 年以来危机政策的实施，这种情况有所改变。金融资产的价格和数量，显然与货币金融稳定高度相关。

纳入资产通胀需要更广泛的分析工具，其中一些已经可用，例如发现泡沫的经验方法。不过，其他一些分析工具仍然需要开发，例如确定经济机制中的货币吸收能力和金融承载能力极限的方法。

参考变量首先应理解为一种指标。作为具有针对性的目标值，它们只需要暂时被量化。所讨论的变量总是保持不变。货币政策不应该在既不能令人信服地证实目标，也不能令人信服地承诺实现目标的情况下，让自己的政策“精确地”与量化目标相对照，进而让自己感到尴尬。数学家和计算机科学家诺伊曼（John von Neumann）更偏爱于“大致正确，而不是完全错误”。

与货币政策相关的参考变量在一定程度上彼此不协调，因此需要适当权衡。在持续分析和评估变量动态的基础上，决策委员会将决定是否、在多大程度上、通过何种利率和数量措施来收紧或放松货币政策。这无法用数学计算或算法模拟，至少后者是不可靠的。货币政策也是一种事关“可能性”的艺术，这当然是专家的专长，但不是一种需要在技术上加以运用的职能，因为人们常常错误地判断了这一问题的复杂性和政治性。对此，中央银行必须公开解释其审议和决定，公众便可以更好理解这种深思熟虑
167 的意义和目的，而不是一个看似具体但实际上抽象的目标依赖，例如难以准确执行的“通货膨胀率达到或接近 2%”。

通货膨胀率无疑一直是一个令人担忧的问题。20 世纪 70 年代，托宾（J. Tobin）曾建议将通货膨胀的“润滑率”（grease rate）控制在 3% 左右，特别是在就业和经济增长方面。[7] 然而，在 20 世纪 80 年代末之前，货币政策中并不存在目标通胀率。与此同时，中央银行设定了一个“精确”的通胀目标（这通常是 2% 的 CPI），之后在实践中与之对照。然而，无论是主动的还是被动的，中央银行都不能可靠地实现价格和利率的定向发展。

相反，中央银行应该做的是密切关注上述参数，并据此调整央行利率以及基础货币的供应量。中央银行既可以通过基础货币供给（从而也影响利率），也可以通过央行利率（从而也影响货币数量）施加影响。然而，自 20 世纪 80 年代以来，中央银行已经放弃了对控制货币供给和追求货币数量政策的尝试，因为只要商行货币占据主导地位并具有体系话语权，传统的数量政策（即通过准备金头寸）实际上是不可行的，不过，利率政策的效果也仍然有限。

2008 年以来的政府债券购买、与之相关的央行准备金泛滥，以及为影子银行出售证券的商行货币泛滥，实际上代表了大规模的货币数量政策，这是一种“非常规”的绝望之举。但在正常的

7　Tobin (1972).

货币政策条件下，不断增长的央行数字货币供给，应该会使货币数量政策重新受到关注。在央行数字货币供给占主导地位的情况下，这两种方法——央行利率和央行数字货币数量政策，应当基本上都是有效的。

对于一家中央银行来说，在事实上而非规范上，本币的货币供给可以说是它的核心业务。创造央行货币并设定相应的央行利率是中央银行绝对可以做的事情，而且它可以更有效地承担央行数字货币在整体货币供给中的权重。货币政策工具已经到位。随着央行数字货币比重的增长，货币政策在数量和利息偿付、长期信 *168*
贷安排和公开市场操作方面恢复了有效性。这不仅仅可以通过向商业银行提供信贷便利、向商业银行和其他金融机构购买政府债券来强化，而且包括向财政部提供贷款并直接从财政部获取债券。

第四节　货币融资、国家债务的中和、直升机撒钱

1. 政府支出的货币融资

为应对 2008 年及之后一直持续的危机，人们提出了货币融资的建议，即中央银行为政府支出提供资金。最早的支持者包括当时的英国金融服务管理局主席、新经济基金会会长特纳（A. Turner）。[8] 在过去，为应对 20 世纪 30 年代的大萧条和第二次世界大战，货币融资已经付诸实践。

事实上，2008 年之后，各国中央银行已开始间接或事后大规

8　参见 Turner (2016, pp. 227–240), Buiter (2014a), Buiter and Kapoor (2020), Jackson and Dyson (2013), Ryan-Collins (2015), 和 Ryan-Collins and van Lerven (2018)。

模购买由商业银行、投资基金和保险公司先前持有的主权债券，从而为政府支出作出贡献。欧洲法院试图宣布这种做法不可接受，因为它违反了《里斯本条约》第123条规定的禁止直接货币融资。

该机制的具体流程是，政府通过发行新债券来筹集资金，而中央银行则迅速从各自的持有者手中购买一部分政府债券。在财政部（通过债券融资开展政府支出）和中央银行（在公开市场上购买政府债券，从而为商业银行和影子银行的政府债券融资支出提供再融资）之间的这种双重作用下，政府在任何时候都可以获得所需数量的资金。因此结论是，一个能够在本国中央银行帮助
169 下借入本币的国家政府，不必然会破产。当然，这不应被误解为对无限制举债的许可，因为这将引发高通胀率，破坏货币的外汇价值，从而使整个国家破产。

中央银行在公开市场上购买政府债券，是为以前的债券持有者而非财政部进行再融资。相比之下，严格来说，货币融资涉及中央银行对政府支出的直接资助，无论是通过长期透支工具或其他对政府的央行信贷，还是通过直接购买政府债券。

通过中央银行购买政府债券，政府相应地减轻了对私人债权人的部分债务负担。只要政府债券由本国中央银行持有，利率基本上是无关紧要的，因为财政部支付给中央银行的利息会作为央行营业利润的一部分回流到财政部。不过，财政部也必须在到期时向中央银行偿还本金。否则，中央银行将出现相应的亏损，并将很快以负资产运作。

2. 国家债务的中和

相反，财政部能做的是围绕到期债券实施“循环”，即赎回有问题的债券，但同时发行新债券，其中一部分由中央银行在公

开市场上购买。欧洲央行更为深远的举措是，将到期的政府债券改期为“零息永续债券”，即无固定期限的无息债券。

因此，中央银行资产负债表上的零利率永续债券没有被赎回，而是被“中和”（neutralised）了，甚至可以说是被冻结了。债券仍然是国家对中央银行的债务，中央银行对政府的债权，以及中央银行资产负债表中的负债（等于央行货币）。在此情况下，与合并后的政府债务相对应的央行货币数量并没有减少，而是继续流通。商业银行、基金和个人私有的主权债券不受影响，政府仍将按照发行条款履行相应义务。在更长的一段时间内，债务的数额会由长期的价格上涨所反映出来，即使这些价格每年相对较小。自 1835 年以来，美国从未削减过其国债的绝对值。

一般而言，围绕公共债务及其中和（即合并）可以无限期地 170
继续下去（至少只要不过度），通胀保持温和，而正统经济学家不会对此过于兴奋。看看日本自 1980/1990 年以来的情况，美国出现这种情况则相对更早，同样在一些欧洲国家引入欧元之前，以及欧洲央行自 2009/2010 年购买政府债券以来也是如此。2018 年，本国中央银行持有的主权债券比重在美国为 25%，在日本则为 50%。对于长期政府债券（十至三十年期），这个比重则要高得多。由于新冠疫情，从 2020 年开始政府支出增加，加上俄罗斯从 2022 年 2 月开始对乌克兰发动战争，中央银行持有的国债再次大幅增加。自那以后，大约 50% 至 75% 的新发行的政府债券被各自的中央银行迅速购买。[9]

9　Lennkh et al. (2019). fred.stlouisfed.org/series/TREAST. The Economist, June 20, 2020, p. 62. 在美国，政府支持的房地产融资机构——房利美（Fannie Mae）和房地美（Freddie Mac）以及其他公共机构也大量持有政府债券。

从这个角度看，货币融资的呼声早已被满足。中央银行作为最后贷款人的职能，实际上已经被政府债券以及（某种程度上）公司债券的最后经纪交易商或最后做市商的职能所补充。[10] 在这方面，许多央行行长似乎也逐渐背离了他们之前的信念。

现在是诚实对待公共债务的时候了，这正如哈得逊（M. Hudson）所说的，“无法偿还的债务就不会被偿还”。[11] 这是对事实的陈述，也是对融资形式适应现实的呼吁。与通过量化宽松扩大中央银行资产负债表相对应的是“量化紧缩”（QT），即资产负债表的收缩。这种紧缩是有问题的，因为即使是平衡的预算政策也会留下严重的投资赤字。在更大的范围内，紧缩政策是高度适得其反的，因为它的效果类似于通货紧缩。

紧缩政策的问题本质，在货币信用（创造货币）和中介信用（再利用现有货币）之间的差异中也很明显。例如，中介信用
171 可能涉及某人将其商行账户余额的一部分存入投资基金。该基金（不是商业银行）将商行货币投资于债券，如果债券被出售或赎回，该基金将获得一笔商行支付，这笔钱仍可用于进一步交易。同样的是，当客户出售他们的基金份额时，他们会得到等额的商行货币。有问题的商行货币并没有消失，它一直在非银行主体之间流通。由中央银行和商业银行提供的货币信用则不同。每次偿还商行贷款，都会导致商行货币从各自的资产负债表上扣减；而每次偿还央行信贷，都会导致基础货币从中央银行资产负债表上被扣减。

因此，在当前的“信贷—债务”货币体系中，每一次货币信

10 Mehrling (2011, p. 132), Buiter (2014b), and Lennkh et al. (2019).

11 Hudson (2018, p. xxiv).

用的清偿还都会减少货币供给。这并不适用于中介信用，但中介信用需要先行于货币信用，简而言之：货币信用的债务消失了，货币消失了，从而导致支出和投资减少了，收入也下降了。因此，在现有机制下，特别是在公共支出占 GDP 的比例为 40% 至 60% 的情况下，任何通过货币信用融资的政府债务削减都是有问题的。

这一点尤其正确，因为不能指望减少的公共债务会被增加的私人借贷所抵消。毕竟，由于私人借贷、投资和消费者支出的周期性衰退，相当一部分国债是补偿性的。在一定程度上限制公共债务当然是合理的，但僵化的紧缩和机械的债务刹车对整个经济反而无益。

作为赎回的替代方案，公共债务的取消有时会被呼吁，最常见的是发展中国家的外债，但自 2010/2011 年欧元主权债务危机以来，这也适用于高负债的工业化国家。[12] 然而，债务减免只有在债权人（金融机构、商业银行和中央银行）拥有充足权益资本缓冲的情况下才有可能。注销债务人的应收账款意味着资产的损失，而负债（即流通中的信用货币）仍然存在；无论商业银行本身是否创造了账面货币，或者客户的支付交易从外部接收了这些货币。资产负债表上的损失最初不会减少货币供给，而是减少债权人的权益资本——直到它消失，这导致资产负债表出现问题甚至破产，这时商行货币也会消失。 172

目前仍然可行的途径，是消除央行资产负债表上的政府债务。从长远来看，零利率永续债券并不是一个令人满意的解决方

12　Goodhart and Hudson (2018).

案。但在现有商业会计和资产负债表惯例的框架内，不存在合理的解决方案，只能是违约——让债务人陷入紧缩困境、让债权人蒙受资本损失。在找到真正的会计解决方案之前，将公共债务合并到央行的资产负债表上是一种实用的方法，可以使这一问题无害化。最后一节讨论了这样一种可能性。

与此同时，货币融资继续取得了进展。到2020年，金融抑制已经达到了极限。此后出现的强劲通胀和加息浪潮，将会给许多债务人带来困境（包括债务水平很高的公共家庭）。然后会怎么样呢？已经开始的事情将不得不继续下去。中央银行将被迫继续购买相当一部分政府债券，而不是按计划减少购买。

另一选择是，欧盟以外的国家直接摆脱银行学派对直接货币融资的禁忌。就像前面提到的，美国国会、财政部和美联储在这方面基本上可以自由地实施认为必要的事情；在英国，存在政府与英格兰银行的长期透支安排；在加拿大，加拿大银行直接承销部分新的政府债券。如果拒绝扩大这些或类似的路线，将迟早会发生重大的金融和经济崩溃。这就是为什么《里斯本条约》第123条（禁止对政府支出进行直接货币融资）应该被修改或完全废除。该条规定不符合现实，因为它禁止了功能上合理的做法。

对于货币融资，人们经常表达的担忧是过度和滥用，进而导致通货膨胀和货币贬值。这个问题的讨论不应该被终止，特别是同时讨论私人引导的货币创造，以及政府引导的货币创造。这与货币融资本身无关。在私人周期性的过度货币创造之外，我们有
173 必要谨慎对待政府引导的过度货币创造。鉴于主权债务的最初用途主要是为实体经济支出提供资金，这一点尤其适用。相比之下，近年来的大部分私人货币创造都直接进入了非GDP金融，

导致资产通胀和泡沫的形成，同时加剧了金融收入和财富的不平等。

3. **直升机撒钱**

自21世纪前十年中期以来，直升机撒钱作为一种非常规的货币政策措施一直被讨论。[13] 这个设想可以追溯到道格拉斯（C. H. Douglas）关于“公民红利”的概念。[14] 其中一项建议是，直升机撒钱应该作为公民红利直接发放给私人家庭。中央银行应该向所有人发放好比“天赐之物”的一次性支付，或借助弗里德曼的比喻，就像从直升机上掉下来的美钞一样。与通过（间接甚至直接）信贷的货币融资不同，直升机撒钱的目的是将非应偿还的央行货币直接分发给民众，这不仅绕过银行部门和债券市场，也绕过了政府预算。

弗里德曼在1969年使用了直升机这一比喻，当时通货膨胀率正在稳步上升。这本来是一个思想性质的实验，目的是让人们相信，这样的措施只会导致额外的通胀，而不会对产出产生任何影响。相比之下，在21世纪前十年中期，当通胀和利率都很低的时候，危机四伏的金融界认为直升机撒钱是一个有价值的选择。例如，黑岩投资研究所提出了直升机撒钱的建议，因为它预计下一场危机将爆发，届时由于利率再次上升，政府预算将不再有回旋余地。届时，货币政策将不得不“直接”取代财政政策。[15]

直接把直升机上的货币分发给民众，触及了一个棘手的问题。

13　例如 Buiter (2014a), Ryan-Collins and van Lerven (2018), Diessner (2020), Jourdan (2020), Gali (2020), and Martin et al. (2021)。

14　Douglas (1974[1924]).

15　BlackRock Investment Institute (2019).

在这种情况下，货币政策和财政政策应该如何配合，既不模糊两
174 者职能的根本区别，又保持货币政策的独立性？此外，公民的红利究竟如何发放？可以通过商业银行或税务机构办理吗？今天，再也没有邮递员会寄送货币了。最重要的是，目前还不清楚直升机撒钱将如何在央行的资产负债表上得到解释和体现。就连2014年卸任的美联储主席贝南克（B. Bernanke）也没有回答这个问题，他曾考虑将直升机撒钱作为严重危机形势下的最后手段。[16]

第五节　货币会计问题

1. 货币会计的长期谬误

有观点认为中央银行应该把货币作为真实铸币税转移到财政部。然而，根据现有规则，类似的做法是办不到的。首先，在包括欧元区和日本在内的许多国家（不包括美国和英国），直接货币融资受到了禁止。另一个原因是，根据现行《一般公认会计准则》（GAAP）和《国际财务报告准则》（IFRS）的规定，这种做法也无法实现。[17]

在17世纪末到19世纪的大部分时间里，私人银行券都作为发钞银行的一项负债，并通过银行信贷的扩张向客户发行。这符合当时的情理，因为银行券还不是主权法定货币，而是一种本票

16 Bernanke (2016).

17 美国采用的《一般公认会计准则》由财务会计准则委员会（Financial Accounting Standards Board）发布，而欧盟与英国采用的《国际财务报告准则》则由国际会计准则委员会（International Accounting Standards Board）发布。

或不记名债务工具，发行人承诺应持票人的要求以白银支付相应金额。随着 19 世纪中央银行开始垄断纸币，以及与之相关的金本位制的建立，国家纸币获得了国家黄金储备的保障。直到 1971 年，美国总统尼克松废除了美元的黄金支持（因为该支持不再可信，只是一个障碍），“诺克斯堡的金手指神话”（Goldfinger myth of Fort Knox）才被彻底终结。

从那时起，央行货币的虚幻保障和任何以其他资产赎回货币的义务已正式不复存在，当下央行货币已不再受到任何货币的支持，因此它是纯粹的法定货币。商行货币也只是受到了一小部分央行货币的保障。央行贷款通常以符合条件的证券、商行贷款 175
（而非抵押房产、其他资产或当前收入）或第三方担保作为抵押，但这不是对货币的有价值保障，而是在发生损失时为债权人提供的信用违约保护。

然而，直到今天，将中央银行仍然保留的黄金存量记为“资产”被视为正确的做法，而央行准备金、纸币和将来的央行数字货币在中央银行对商业银行的信贷拨付（disbursement）中被记为“负债”。因此，央行货币本身并没有被视为一种主权基础货币，而是继续被视为一种支付承诺，这就好比央行货币是一种货币替代品、一种支付白银和黄金的负债，而不是根本意义上的“真实”货币。

中央银行的不一致之处在于，用于拨付货币的项目被记为信贷负债，但即使该信贷以纸币形式拨付，负债也不会被再次冲销（book out），而是继续作为资产负债表中负债端“流通中的纸币”而存在。这同样适用于央行准备金，它们被记为用于拨付货币的负债，但实际上并没有被创造，至少这种信贷金额体现在商业银行的央行账户上时，它们不会再次被冲销。负债本身就是货币。这同样适用于商业银行与非银行客户关系中的商行货币。法院将客户银行账户上的贷方解释为已完成的支出（payout），毕竟，账户余额代表了实际购买力。但相应的资金从何而来？是源自先前的某一笔商业交易获得的货币，还是相关商业银行或中央银行从其他账户中提取的货币？

根据现行判例法，当贷记的货币离开债权人的资产端，并已完全且最终增加到借款人的资产端中时，相应的信贷被视为成立有效。然而，这种资产转移只在商业银行拨付现金时发生，但在往来账户余额被贷记时根本不会发生。在中央银行，资产转移只发生在硬币上，而不会发生在纸币和央行准备金上，这两者都作为央行负债继续存在于资产负债表中。央行货币的创造，隐藏于对商业银行偿还贷款的请求权的资产端，同时还隐藏于央行信贷负债与商业银行资产这两类虚假身份中的负债端。这同样适用于商业银行，商行货币的创造隐藏于对客户偿还各自贷款的请求权之后的资产端，同时隐藏于商行信贷负债与客户账户余额这两类
176 虚假身份中的负债端。总体而言，目前中央银行与商业银行信贷的会计实践存在冲突，一些批评家甚至认为这种做法是一种“合法的虚假会计”。[18]

2. 本不应该是债务的“债务货币”

近期货币改革运动的关注内容之一，是将主权货币作为“无债务货币”（可视为真实铸币税）投入流通。新发行的央行货币实

18 参见 Schemmann (2012, pp. 37–59)。许多新奥地利学派经济学家也认为，以部分准备金为基础的信贷和债务货币的会计做法具有欺骗性，例如 Huerta de Soto (2009, chs. 2 and 3)。

际上不需要像以往那样是“信贷—债务”货币。相反，它可以也应当是一种安全可靠、不计利息且不可赎回的主权货币存量；它更不是一种负债，而应当总是一种正数值的货币资产。主权货币作为信贷扩张和其他任何金融交易的可靠基础，独立于各自的债权人和债务人，这正是因为它的功能是作为一种安全存量的支付手段，超越了货币与信贷的虚假身份。当贷款面临更大规模的风险，商业银行受到流动性不足和破产的威胁时，商行货币就会处于风险之中。无论是通过央行贷款还是作为真实铸币税发行的主权货币，它们都是一种可靠的支付手段，并且不会受到金融市场在危机中任何混乱连锁反应的威胁。

可以肯定的是，即使无债务货币也不是完全零成本的。诸如“大笔一挥”或“轻点一下鼠标”便能创造货币之类的表达，事实上未能从人员和信息技术方面认识到银行业的运营成本。创造央行准备金或央行数字货币的收益不完全等同于其面值，而是面值减去供给成本这种类似于硬币的收益。

除此之外，严格来说，“无债务货币”这个术语是多余的。货币作为信贷协议的对象，本身就是无债务的。但根据既有会计准则——《国际财务报告准则》和《一般公认会计准则》，货币不可能无中生有。每个贷方分录都应该是继前一个交易之后的下一个交易；资产必须来自某个地方或由某件事产生，并有相应的记账分录。这很可能意味着，作为补贴或捐赠而接收的货币不存在任何对应的“回报”。但是，“凭空”创造货币到自己的账簿上 177
是不可能的，即使对中央银行来说也是不可能的。因此，创造商行货币和央行货币的会计规则被扭曲了，它们将新创造的货币隐藏在信贷债权之后，并将这些货币作为持续的负债进行流通，而不是在可用时将其冲销。

永续债务只是形式上的债务，而不是真正的债务，换言之，“无负债债务”的矛盾表述是债务概念的变形，正如真实铸币税不是商业交易的收益结果这一观点，过度夸大了回报或收入的概念。[19] 因此，在讨论 2015 年冰岛议会关于主权货币的倡议时，贝泽默（D. Bezemer）将无债务货币称为“无法枯竭的水”。[20] 把货币和信贷的虚假身份视为理所当然，这似乎是正确的。然而，只要人们跳出由银行学派提出的自相矛盾且模棱两可的参考框架，无债务货币发行的观点就能够被拓展。

3. 基础货币作为一种权益或社会资本

鉴于所讨论的情况，一些学者建议，将来所有新发行的央行货币都应该像以前的铸币一样被对待，并作为一种资产入账。[21] 这又回到了真实铸币税的原则：新铸造硬币的面值减去它们的生产成本。这些硬币由各自的国家统治者投入流通。对于硬币而言，与目前相似的是由国家铸币厂生产硬币，之后由财政部将其出售给中央银行；但与当下的不同之处在于，中央银行为取得硬币而支付的方式，就是同时在政府的央行交易账户中记入准备金。现在中央银行把硬币作为一种额外的资产，同时把发行的账
178 户余额作为一种额外的负债。因此，当这些硬币被中央银行投入

19 由于缺乏更好的解决方法，在货币改革运动中，人们最初认为，向政府提供一种没有利息和赎回的纯粹信贷，不代表真正的债务，但这一观点后来被放弃了 (Huber and Robertson 2000; AMI 2010; Jackson and Dyson 2012)。相比之下，“现代货币理论”（modern money theory）迄今为止尚未得到纠正，该理论继续主张“无债务债务”的不一致观点，该观点包含了对信贷、债务和股权等术语的不当阐释。

20 Bezemer (2019, p. 164).

21 最近的货币改革概念中，由 Benes and Kumhof (2012, p. 6) 首先提出。

流通时，它们并非完全没有债务；相反，中央银行留下了一笔长期负债。

如果中央银行是一家工业企业，那么新发行的货币可以记在“库存”或“存货”下。然而，商业银行不能以这种方式解释其货币创造。实际上，人们可以专门为央行货币发行引入这样一种“货币存量”程序。这将需要修订《国际财务报告准则》和《一般公认会计准则》，或为此引入一项特殊的法定规则。

如果用硬币进行类比，央行货币作为一种资产被创造出来，然后投入流通，或者当货币被借出进入流通时进行资产互换。这两种方式都包括货币的支出和结清，而不是像现今的纸币和央行准备金那样被视作发行人的负债。针对这种情况，梅耶尔（Th. Mayer）创造了“资产货币”（只作为资产存在和流通）和“负债货币”（记录为发行人的负债）这两个术语。[22]

对于中央银行而言，硬币、纸币、央行准备金和央行数字货币首先必须作为正（数值）资产而存在。之后，这些货币可以用于花费、出借或投资。在资产负债表中，存在着无负债的资产互换。根据主流的法律观点，特定金额的货币可以从中央银行的资产中被提取，并增加到商业银行的资产中；作为回报，中央银行对商业银行有相应的请求权（资产），而商业银行有支付利息和偿还本金的义务（负债）。然而问题是，作为一种资产，这些货币首先是如何进入资产负债表的。

在这个问题上，有人建议央行货币应该记为一种权益，相关作者包括杰克逊 / 戴森（Jackson/Dyson）、西古尔琼森（Sigurjonsson）、

22　Mayer (2014, pp. 22, 146–161).

舍曼（Schemmann）、梅耶尔、波尔松（Bossone）和科斯塔（Costa）。[23] 基础货币将作为货币资产进入中央银行的资产负债表，并在负债端作为权益账户的一个特殊子账户，例如作为“货币创造”项目。有人可能会认为，如果货币发行了，它就会从资产负
179 债表上消失，并同时作为资产和权益；但这种做法的缺点是，中央银行的资产负债表将不再反映当前基础货币的总存量，而这一存量将理应被记录在一个单独的统计区域内。

尽管如此，此种权益法仍然存在根本性的反对意见。将基础货币记在负债端的权益资本新类别意味着双重概念的扭曲——扭曲了资产负债表上利润的概念，也扭曲了权益资本的概念。新创造的货币不同于有限责任公司的资本，央行货币更不是中央银行的权益资本。同样的是，从央行货币创造中获得的收益（即真实铸币税）与从利息中获利的盈亏基准线是不同的。

库姆霍夫（Kumhof）等人以类似的方式遵循了这一思路。[24] 根据他们的观点，基础货币不应该再是央行资产负债表上的负债。然而，在他们看来，它既不应该是中央银行的资产，也不应该是中央银行的权益；相反，它应该是“社会权益”或者“国家权益”。从语义上讲，这种观点是正确的，因为它表明了央行货币应当是什么——一个国家或国家共同体的“基础货币禀赋”（basic monetary endowment）。但是，央行货币必须出现在中央银行的资产负债表上，这是无法回避的事实，而且它应该作为一种资产，而不是一种负债，这种观点又应该如何解释？

23 Jackson and Dyson (2012, pp. 210, 311–321), Sigurjonsson (2015, p. 81), Bossone (2018, 2021), and Bossone and Costa (2021).

24 Kumhof et al. (2021, pp. 15, 26).

第六节　超越货币与信用的虚假身份

1. 通过货币登记册分离中央银行的货币创造与银行业务

真实铸币税不来自基于利息的收益，而是来自货币创造的主权行为。创造出来的货币就像计息铸币税和整体的央行收益一样，要么流入国库、通过当前的政府支出进入流通，要么流入中央银行的信贷业务。这意味着一方面要区分货币创造行为，另一方面要区分正常的银行业务交易，其与现今这两方面的矛盾和不清晰合并形成了鲜明对比。

若干关于设立单独机构的建议，都在设法解决这种矛盾。例 *180*
如，费雪和格塞尔在他们的时代都提出了一个创造货币的货币发行局，将其与财政部的预算和中央银行的商业运作相分离。然而，货币创造的会计独特性并不一定需要一个单独的机构。相反，连贯的货币政策将意味着所有相关决策都应当由同一个机构作出，这不会损害主权货币创造和中央银行业务的功能独特性。

从这个意义上说，基于上述方法的优缺点，早期古典路径的新变种便得以显现。这种路径可以追溯到1824年李嘉图（Ricardo）提出的建立国家银行的计划。李嘉图是货币学派最杰出的代表人物，按照他的设想，英格兰银行在1844年的货币改革中被细分为负责发行央行纸币的“发行部”，以及负责货币创造以外的银行业务的“银行部”。[25]

英格兰银行将纸币发行与银行业务分离的做法一直延续至今。然而，它很快被证明是无关紧要的，因为货币与信贷的分离

25　O’Brian (2007, pp. 112, 152, 179) and Le Maux (2020).

并没有始终如一地执行下去。在过去很长一段时间里，所谓的国家银行可以继续发行私人银行券。银行券的发行基本上与金本位挂钩，但这种联系一次又一次地放松，甚至暂停。政府债券在某种程度上被视为黄金基础的一部分。更重要的是，商行货币的创造没有得到应有的重视，尽管通过往来账户的清算在当时已经发挥了关键的作用，并且在19世纪稳步增长。[26] 同样，发行部门也不像主权货币创造者那样行事，而是继续像商业银行那样行事，其基于抵押品发行银行券，或通过银币赎回银行券。[27] 在当时，中央银行是享有特权的私人银行，它们中的大多数还没有成为今天的国家货币当局。

181 对一项原则的执行不力，并不能证明它就是错误的。中央银行通过单独的分类账创造基础货币，可以连贯地实现与银行业务分离的货币创造。这不是一份资产负债表，而是一份独立于央行业务资产负债表中账户的“货币登记册”。这种登记是基于法定货币创造的主权行为，而与先前的业务交易无关。基于这个原因，正如前几节所解释的那样，复式记账法不能有效地应用于现代法定货币的创造。

货币登记册将是中央银行设立的一个单独的分类账，但不需要一个单独的机构来管理它。有关货币登记的决定，即有关基础货币创造的决定，应当由中央银行的管理机构作出，例如美国的美联储理事会和公开市场委员会、英国的英格兰银行理事会和董事会；在欧元体系中，则是欧洲央行的管理委员会和执行委员会。就货币政策而言，中央银行的货币登记和银行业务是一体

26 Lutz (1936, p. 75).

27 O’Brian (2007, pp. 93–154).

的，货币登记册将与央行的资产负债表同时持续公布。

货币登记册就像一本日志。它记录了以本币计价的法偿货币的创造过程和存量，以及货币进入流通的发行渠道。外汇接收和外汇储备的管理继续被列入中央银行的业务资产负债表，货币登记册则将相关的交易记录在两个账户中：

- “流通货币”（currency-in-circulation）账户，或简称货币账户，其记录中央银行发行货币的数量；
- 发行账户，其记录资金被投入流通的发行渠道。

货币账户代表了中央银行实际的货币创造，因为它服务于生成和扣减相应数量的基础货币。同时，货币账户按货币形式记录流通中的货币，具体细分为硬币、纸币、央行准备金和央行数字货币。货币账户和发行账户的总余额相同，这主要体现为国内使用的货币，部分也作为在国外流通的本国货币。在如今的分类下，货币登记册的基准线对应于货币总量 M0。

这种货币随着它的登记而存在。相应的金额进入某一个货币子账户，同时分配到特定的发行渠道，要么作为真实铸币税而拨入国库，要么作为央行业务资产负债表的存款（见表 8.1）。

表 8.1　货币登记册的账户结构 182

日期	货币账户				发行账户	
xx/xx/xx	硬币	纸币	央行准备金	央行数字货币	真实铸币税：拨入国库的资金	央行流动性：存入央行资产负债表

货币登记册上的每一条记录，都包括与两个发行账户中同时相关联的央行货币的各自数量。如有必要，该账户可进一步区分。只要传统现金的需求和供给保持不变，硬币和纸币仍然是实

物。在发行之前，硬币和纸币的实物存量不应进入货币登记册。到目前为止，硬币和纸币只有在进入货币登记册并进入中央银行的业务资产负债表时，才成为货币。[28] 如果资金从商业银行或财政部回流，这些资金将从发行账户和货币账户中扣减。只要处于流通过程，各种形式的央行货币就应该可以相互兑换。

在货币账户中记账的同时，相应的金额也记入发行账户。发行账户有两个子账户：

183 • 真实铸币税账户，即把新创造的央行准备金或央行数字货币分发给财政部，作为流通所需政府资金的不定额投入。
• 央行流动性账户，即央行资产负债表中用于各种中央银行操作、作为流动货币存量的存款。

将真实铸币税转移到国库，有助于为政府支出提供资金，然而，这并不一定被视为货币融资。毕竟，这关系国库对铸币税具有的初始且最重要的作用。中央银行根据货币政策的考量，独立地决定铸币税的累积。议会和执政内阁在这方面不能有发言权，也无权向中央银行发出指令，尤其是在真实铸币税的分配方面。有多少新货币被创造出来，有多少是通过真实铸币税流通的，又有多少是通过信贷流向商业银行和金融经济以外的地方，这些都是中央银行基于法律授权履行的专门职责。在如今，这一点必须进行更精确地阐释。

关于铸币税的规模，每个人都应该清楚这不是一个巨大的金

28 如今，铸币权在大多数情况下仍然掌握在财政部手中，这是封建铸币的残余，在很久以前就应该交给中央银行了。中央银行应该更多地占据与个人或企业（商业银行和金融公司、联合会和协会）相关理应占据的比重。一般而言，作为国家货币管理机构的中央银行不应再以股份公司的形式运作。

额。根据政府支出和经济增长的情况，人们会预计在老牌工业国家涉及的金额约为公共支出总额的 1% 至 4%。这是一个不小的变化，但对于为更大规模的政府支出提供资金或取代公共预算的常规税收融资来说，这一变化太小了。真实铸币税并不能免除政策制定者对健全财政管理的要求。

铸币税没有指定用途。这笔资金的用途由政府决定，可能也由议会决定，因此与货币职能和预算财政职能之间的权力分离相对应。

在中央银行的业务资产负债表中，货币登记册上的存款应理解为无指定期限的“即期贷款”（callable loans），这种存款不需要固定的到期日，其随时可（在告知后）收回。这类告知的条件可以留待讨论，例如央行资产负债表上的货币持有量超过一定限额。同时必须指出的是，可赎回性能够在不必从货币流通中施加税收的情况下减少当前的货币供给，从而不恰当地将货币政策和财政政策混为一谈。进入央行业务资产负债表、在货币登记册中 184
的存款将是无息的，这与中央银行对商业银行的贷款存在差异。因为在这种情况下，货币登记和中央银行的银行业务仍均属于作为货币区货币当局的同一家中央银行，利息将不再起任何作用。

2. 中央银行和商业银行资产负债表的变化

央行资产负债表将继续显示中央银行的银行业务，并将基本保持不变。此外关键的变化是，中央银行不再以常规的准备金余额以及“流通中的纸币”和“流通中的央行数字货币”的形式，将纸币、央行准备金和央行数字货币作为一种负债被记录于商业银行和公共机构的业务往来之中。相反，货币登记册的存款构成了央行资产负债表上实际存在的央行货币流动存量，这要么是金库中的现金，要么是央行数字货币，要么是央行账户上的常规准备金。这些货币资产与央行资产负债表上的负债相匹配，并记录在货币登记册上。以前的对商业银行、公共机构和流通中货币的负债变成了新的对货币登记册的负债，这种负债不计息、无偿还期限，但可以随时赎回。

当中央银行贷款给商业银行时，在中央银行的资产负债表上有一个资产互换，即中央银行获得对该商业银行请求返还流动性货币的信贷债权。这同样适用于中央银行购买外汇、证券或其他资产。从更广泛的层面来看，来自流动性货币存量的资金被交换为证券或其他资产项目，特别是对外国中央银行、国内外信贷机构的债权，以及对政府的债权；例如，后者存在一种常设但有上限的透支便利。

对于商业银行而言，只要商行货币继续与现金和央行数字货币并行存在，它们在资产负债表上就没有任何变化。在这方面，商业银行仍然是货币金融机构，在可预见的未来，其仍然在部分准备金制度的基础上运作，并享有中央银行和政府的特权支持。然而，越来越少的现金将在越来越大的程度上被央行数字货币所取代。与现金一样，商业银行无法自行创造央行数字货币。商业银行必须提供央行数字货币对应的全额支出，为了能够做到这一点，它们必须在货币市场或从中央银行那里获取充足的央行数
185 字货币，无论是通过偿还本金、收益，还是从客户那里借入央行数字货币。这可能是基于客户对各种货币的需求，以及商业银行基于客户的行业竞争。除了增加的央行数字货币被视为一种资产外，商业银行资产负债表的结构没有任何变化。当然，货币性银行资产的重组以及现金、央行数字货币和常规准备金之间的比例

变化仍然是非常重要的。

总的来说，将用于货币创造的货币登记册与货币当局银行业务的资产负债表分开，通过使央行资产负债表以连贯的方式进行复式记账，可以理顺当今矛盾重重的货币创造记账，而不会产生混淆且功能失调的信贷与货币这一虚假身份，也不会过度扩展信贷、债务和负债、利润和权益之间的类别。这也适用于真实铸币税，它的发行通过货币登记册分配给国库，其不需要被记为负债，也不需要被记为中央银行的权益资本。

在会计术语中，该路径的核心要素是付款人直接、全面地转移资产到收款人这一央行货币流通过程，仅进行资产记账。当然，在商业银行与客户的关系中，这只适用于现金和央行数字货币。对于现金和央行数字货币，客户资金与商业银行的资产负债表是分开存在的。然而，这仍然不适用于央行准备金和商行货币，毕竟公众不太可能获得常规的央行准备金。然而，随着向纯资产货币的过渡，如果将以往中央银行的准备金经济和商行货币特权视为传统货币向现代货币历史过渡中的一种奇怪现象，也就不足为奇了。

参考文献：

1. AMI (American Monetary Institute). 2010. Presenting the American Monetary Act. Valatie, NY: American Monetary Institute. http://monetary.org/wp-content/uploads/2011/09/32-page-brochure.pdf.
2. Barbiero, Francesca, Miguel Boucinha, and Lorenzo Burlon. 2021. TLTRO III and bank lending conditions. ECB Economic Bulletin, Issue 6: 104–127.
3. Benes, Jaromir, and Michael Kumhof. 2012. The Chicago Plan Revisited. IMF Working Paper, 12/202 August 2012, revised draft February 2013.

186 4. Bernanke, Ben S. 2016. What tools does the fed have left? Part 3: Helicopter Money. The Brookings Institution.
5. Bezemer, Dirk. 2019. Money and its uses. Driebergen-Rijsenburg: Triodos Bank.
6. BlackRock Investment Institute. 2019. Dealing with the next downturn. Macro and Market Perspectives, August. Authored by Simon Wan, Elga Bartsch, Jean Boivin, Stanley Fisher and Philipp Hildebrand.
7. Bossone, Biagio, and Massimo Costa. 2021. Money for the issuer: Liability or equity? Economics 15 (1): 43–59.
8. Bossone, Biagio. 2018. The "accounting view" of money: Money as equity (Parts I+II). The World Bank Blog, May 14–21. blogs.worldbank.org/allaboutfinance/accounting-view-money-money-equity-part-i/blogs.worldbank.org/all aboutfinance/accounting-view-money-money-equity-part-ii.
9. Bossone, Biagio. 2021. Bank Seigniorage in a Monetary Production Economy. Post-Keynesian Economics Society Working Paper, no. 2111, August.
10. Buiter, Willem H. 2007. How robust is the new conventional wisdom in monetary policy? Working Paper, London School of Economics/Universiteit van Amsterdam, April 15.
11. Buiter, Willem H. 2014a. The simple analytics of helicopter money. Why it works—Always. Economics 8 (28): 1–51.
12. Buiter, Willem H. 2014b. Central banks: Powerful, political and unaccountable? CEPR Discussion Paper, No. 10223, October.
13. Buiter, Willem H., and Sony Kapoor. 2020. To fight the COVID pandemic policymakers must move fast and break taboos. voxeu.org, April 6.
14. Crocker, Geoff. 2020. Basic income and sovereign money. The alternative to economic crisis and austerity policy. London: Palgrave Macmillan.
15. Diessner, Sebastian. 2020. Mainstreaming monetary finance in the Covid-19 crisis. Brussels: Positive Money Europe.
16. Douglas, Clifford Hugh. 1974. Social credit. Bloomfield Books, Reprint of the revised version of 1934. First edition in 1924.
17. Friedman, Milton. 1991. Monetarist economics. Oxford, UK and Cambridge, MA: Basil Blackwell.
18. Friedman, Milton. 1992. Money mischief. New York: Harcourt Brace Jovanovich.
19. Gali, Jorda. 2020. Helicopter money: The time is now. VOX/CEPR discussion

paper, ox, March 17.
20. Goodhart, Charles A.E., and Michael Hudson. 2018. Could/Should Jubilee Debt Cancellations Be Reintroduced Today? CEPR Discussion Paper, DP12605, January.
21. Huber, Joseph, and James Robertson. 2000. Creating new money. A monetary reform for the information age. London: New Economics Foundation.
22. Hudson, Michael. 2018. ... and forgive them their debts. Lending, foreclosure and redemption from bronze age finance to the jubilee year. Dresden: ISLET Verlag.
23. Huerta de Soto, Jesús. 2009. Money, bank credit, and economic cycles, 2nd *187*
ed. (1st 2006). Auburn, AL: Ludwig von Mises Institute.
24. Jackson, Andrew, and Ben Dyson. 2012. Modernising money. Why our monetary system is broken and how it can be fixed. London: Positive Money.
25. Jackson, Andrew, and Ben Dyson. 2013. Sovereign Money—Paving the way for a sustainable recovery. London: Positive Money.
26. Jourdan, Stan, and Marc Beckmann. 2021. Why green monetary policy is legal and legitimate. Brussels: Positive Money Europe.
27. Jourdan, Stanislas. 2020. Helicopter money as a response to the Covid-19 recession in the Eurozone. Brussels: Positive Money Europe.
28. Jourdan, Stanislas, and Wojtek Kalinowski. 2019. Aligning Monetary Policy with the EU's Climate Targets. Working Paper Positive Money Europe, Brussels, and Veblen Institute for Economic Reforms, Paris, April.
29. Jourdan, Stanislas, Monique Goyens, Edoardo C. Coppola, Sébastien Godinot, and Adrian Joyce. 2021. How the European central bank can unleash the building renovation wave. euractiv.com/section/energy/opinion, September.
30. Kumhof, Michael, Jason Allen, Will Bateman, Rosa Lastra, Simon Gleeson, and Saule Omarova. 2021. Central bank money: Liability, asset, or equity of the nation? Vanderbilt Law Review 74 (5): 1231–1300. Reprinted as CEPR Discussion Paper 15521.
31. Le Maux, Laurent. 2020. Central banking and finance: The Bank of England and the Bank Act of 1844. Revue Economique, Presses de Sciences Po, May 2020. ffhal-02854521f.
32. Lennkh, Alvise, Bernhard Bartels, and Thibault Vasse. 2019. The rise and fall of central banks as sovereign debt holders. SUERF Policy Note, Issue No. 109, October.

33. Lutz, Friedrich. 1936. Das Grundproblem der Geldverfassung. Stuttgart and Berlin: Kohlhammer.
34. Martin, Philippe, Éric Monnet, and Xavier Ragot. 2021. What else can the European central bank do? Les notes du Conseil d'Analyse Économique, No. 65: 1–12, June 2021.
35. Mayer, Thomas. 2014. Die neue Ordnung des Geldes. München: FinanzBuch Verlag.
36. Mehrling, Perry. 2011. The New Lombard Street. How the fed became the dealer of last resort. Princeton University Press.
37. O'Brien, Denis Patrick. 2007. The development of monetary economics. Cheltenham: Edward Elgar.
38. Ryan-Collins, Josh. 2015. Is monetary financing inflationary? A case study of the Canadian economy 1935–1975, Levy Economics Institute of Bard College. Working Paper, No. 848, October.
39. Ryan-Collins, Josh, and Frank van Lerven. 2018. Bringing the helicopter
to ground: a historical review of fiscal-monetary coordination to support
188 economic growth in the 20th century. Working Papers PKWP1810, Post
Keynesian Economics Society (PKES).
40. Schemmann, Michael. 2012. Accounting perversion in bank financial statements.The root cause of financial crises. IICPA Publications.
41. Sigurjonsson, Frosti. 2015. Monetary Reform. A better monetary system for Iceland. Icelandic Parliament, submitted to the Committee on Economic Affairs and Trade, March.
42. Tobin, James. 1972. Inflation and unemployment. American Economic Review 62: 1–18.
43. Turner, Adair. 2016. Between debt and the devil. Money, credit and fixing global finance. Princeton University Press.
44. Van't Klooster, Jens, and Rens van Tilburg. 2020. Targeting a sustainable recovery with Green TLTROs, September 2020, Positive Money Europe, Brussels, and Sustainable Finance Lab, Utrecht University.

索　引

A

Accounting of money creation，货币创造记账 / 会计，7，174，176，179

Assignats，指券，67

Austrian School，奥地利学派，56

B

Banking School，银行学派 55，172

Bank money，商业银行货币（商行货币），1，6，15，70，96

as “bad” money vis-à-vis CBDC?，相较于央行数字货币而言是“劣币”吗？，131

as dominant money，作为主导货币，1，35，36，58，70，73，155

as para-sovereign fiat money，作为准主权货币，55，58，73，133

deactivated，非活跃（货币类型），18

future perspectives，未来趋势，5，86，93，94，109

Bank money regime，商业银行货币机制，3，5，35，102，124，125，155，163

Banknotes，纸币 / 银行券，2，3，66，174

Bank of Canada，加拿大银行，139，172

Bank of England，英格兰银行，56，67，69，139，154，172，180，181

Banks, current and future role，商业银行在当前与未来的角色，5，93，95，96，125

Base money，基础货币，9，13，88，110

Bitcoin，比特币，3，25，29，71，79，81，91，103，104

Blockchain，区块链，78，82

Book money，账面货币，2，3，71，77，94

C

Cash，现金，1，10，11，36，70，100

Cashless payment，非现金支付，3，16，17，71，72

CBDC，央行数字货币，3，12，73，79，86，87

access open or restricted，使用的开放或受限，127，135

as “good” money vis-à-vis bank money?，相较于商业银行货币是“良币”吗？，131

convertibility，可兑换性，100，120，135

design principles，设计原则，99，117，140

development，开发，88
disintermediation，脱媒 / 去中心化，124
interest-bearing?，是否计息？，129
interoperability，互操作性，120
issuance，发行，127，138，179
money substitution and bank run，货币替代和挤兑，103，124，134
objectives and benefits，目标和效益，120
reducing state warranty for bank money，减少国家对商业银行货币的担保，133
rollout，推广，92
system architecture，account vs token，系统架构（“账户型”与“代币型”的对比），118
Central Bank Digital Currency，央行数字货币（参见“CBDC”的页码）
Central-bank money，中央银行货币，1，9，35，88
as a liability，作为负债，3，7，169，175，178
as an asset only，仅作为资产，176，178
as equity，作为权益，177，178
its creation by means of a currency register，基于货币登记册的创造（参见“Currency register”的页码）
Central-bank notes，中央银行纸币，1，10，68，70，101，180
Central banks，中央银行
as bank of state，bank of banks，作为国家（政府）的银行与作为银行的银行，58，158
as monetary authority，作为货币当局，7，60，70，87，151
independence as fourth branch of government，作为政府第四分支的独立性，87，158–160，163
note monopoly，纸币垄断，3，5，56，69，160，174
role division，职责分工
monetary-fiscal-financial，货币—财政—金融（职责），6，87，138，160–162，164，173
vis-à-vis banking sector，与（商业）银行部门的对比，6，35，36，58，133，152，155，158，162
Chartal money，国定货币，13，56
Chicago School，芝加哥学派，56
Citizens' dividend，公民红利，173
Clearing，清算（参见“Cashless payment”的页码）
Coins，硬币，1，9，65，100
Colonial bills，殖民券，3
Competition between types of money，不同货币之间的竞争，1，4，7，55，85，91，93，95，108，125
Complementary currencies，补充性货币，19，27
Continental dollar，大陆美元，66
Credit，信用 / 信贷
intermediary，中介（信用），40，42，163，170
monetary，货币（信用），40，42，163，170
Credit-and-debt money，“信贷—债务”货

币，7，12，13，43，130，171，176，177
Cryptocurrencies，加密货币，3，7，26，28，77，79，91
outlook，前景，86，102，104
Currency or capital flight，货币或资本外逃，135
Currency register，货币登记册，179，181
changes to balance sheets of central banks and banks，相较于中央银行和商业银行的资产负债表的变化，184
Currency School，货币学派，56，69，180

D

Debt cancellation，债务取消，171
Debt-free money，无债务货币，13，67，176
Deposits，银行存款，1，3，12，15，71
Diem，迪姆币，4，26，108
Digital cash，数字现金，77，94
Digital money，数字货币，2，73，77，78，93
de-/centralisation，去中心化与中心化，83
financial privacy，金融隐私，84
Digital tokens，数字代币，2，24，73，77–79
advantages，优势，80
programmability，可编程性，80
Digital yuan，数字人民币，4，91，120
Distributed ledger technology，分布式账本技术，79
Dominant currency paradigm，主导货币理论，33
Dominant money，主导货币，1，34

E

ECB，欧洲央行，28，47，81，101，119，123，139，154，164，165，170，181
TLTRO programme，定向长期再融资操作计划，47
E-Money，电子货币，19，22，77，91，141
Ether，以太币，79，81，103，105，106
European Central Bank，欧洲央行（参见“ECB”的页码）
E-wallet，电子钱包，2，77，78

F

Federal Reserve of the U.S.，美联储，22，34，57，70，88，90，91，106，108，139，144，154，165，172，174，181
Fiat money，法定货币，11，13，14，28，40
Financial economy，金融经济，43，44
crisis dynamics，危机活动，46，48，59
GDP finance，GDP 金融，43，44
non-GDP finance，非 GDP 金融，43，44
Financial intermediation，金融中介，40，41，124
Financialisation，金融化，46
Financial repression，金融抑制，154，172
Fractional reserve banking，部分准备金银行（制度），5，16，17，35，38，59，125，135，153
Free banking，自由银行业，56

G

Gold standard，金本位（制度），3，14，69，71，72，174

H

Helicopter money，直升机撒钱，173
High-powered money，高能货币，13，35，110
100% reserve banking，全额准备金银行（制度），56，141，155

I

Inflation，通货膨胀，152，154，172
asset inflation，资产通胀，45，46，166
CPI，消费者价格指数 45，47，172，173
Interest rates，利率，43
types of，具体类型，36，153

L

Legal tender，法偿货币，13，35，67，69，100
Libra，天秤币，4，25，90，106，108

M

Monetarism，货币主义，152，155
Monetary financing，货币融资，138，140，141，161，168，170，172，174
neutralisation of national debt，国家债务的中和，169，172
Monetary policy，货币政策，7
Accommodationist，适应主义者，36，73，155
effectiveness/transmission，有效性与传导（机制）3，37，39，73，88，123，145，154，155，157，167
interest-rate policy，利率政策，37，153，154，167
monetary macro-conditioning，货币宏观调节，40，156，160，164
objectives，目标，151，157
open market policy，公开市场政策，39，138，140，141，158，168，170
policy reference variables，政策参考变量，165
quantity policy，数量型政策，37，39，153，167
Monetary prerogatives，货币特权，57
Monetary quantity theory，货币数量理论，152，156，173
Monetary reform，货币改革，89，93
Monetary sovereignty，货币主权，4，55，57，87，151
Monetary turning points，history，货币拐点与历史，2，63
Money and credit，货币与信贷
false identity，虚假身份，7，130，163，177，179
separation of money and credit，货币与信贷的分离，180，181
Money issuance，货币发行，10，13，35，40，42
Money Market Fund shares (MMFs)，货币市场基金（份额），19，21，40，71，141，144
Money supply，货币供给
composition hitherto，构成现状，1
current recomposition，当下的重组，3，64，73，85

historical recompositions，历史上的重组（参见“Monetary turning points，history”的页码）
M-Pesa，23
Multiplier，money or credit，货币或信贷的乘数，42，153

N

Narrow banking，狭义银行，141
Neoliberalism，新自由主义，56

O

Ordoliberalism，秩序自由主义，56

P

P2P money transfer，点对点货币转移，2，23，24，78，94
Paper money，纸币，100（同时参见“Banknotes”和“Treasury Notes”的页码）
People’s Bank of China，中国人民银行，4，81，88，90，91

Q

QE，量化宽松政策，38，39，47，164，167，170
Quantitative Easing (QE)，量化宽松政策（参见“QE”的页码）
Quantitative Tightening (QT)，量化紧缩政策，170

R

Reserves，（央行）准备金，1，3，4，12，36，39，86
excess reserves，超额准备金，16，37
future perspectives，未来展望，99
minimum reserves，最低准备金，36，38，97

S

Seigniorage，铸币税，57，58
genuine/debt-free，真实 / 无债务（铸币税），10，141，161，162，173，174，176，179
interest-borne，计息（铸币税）70，161，162，179
quasi-seigniorage of banks，商业银行的准铸币税，66，125
Separate banking，银行业务的分离，57，155
Shadow banks，影子银行，6，40，95，109
Sovereign money，主权货币，13，57，177，179，180
Split circuit，分离循环，12，17，35
Stablecoins，稳定币，3，4，7，19，24，86，106，108，145
coverage，保障（范围），26，97，106，107，141–144
Swedish Riksbank，瑞典央行，28，128

T

Taxonomy of money，货币分类，9
Tether，泰达币，27，107
Three-tier money system，三层货币体系，9，14

Base level，基础层，9
Second tier，第二层，15
Third tier，第三层，19
Treasury notes，国库券，2，13，63，67，69，70
Triffin trilemma，特里芬困境，132

U

US dollar，美元，3，24，69，71，91，101，106，130
US Treasury，美国财政部，22，69，72，90，106，139，141，143，144，172

Z

Zero-coupon perpetual consols，零息永续债券，169

图书在版编目(CIP)数据

货币拐点:从商业银行货币到中央银行数字货币/
(德)约瑟夫·胡伯(Joseph Huber)著;柯达译. —
上海:上海人民出版社,2024
书名原文:The Monetary Turning Point: From
Bank Money to Central Bank Digital Currency (CBDC)
ISBN 978-7-208-18806-8

Ⅰ.①货… Ⅱ.①约… ②柯… Ⅲ.①货币市场-研
究-世界 Ⅳ.①F821

中国国家版本馆 CIP 数据核字(2024)第 053204 号

责任编辑 伍安洁
封面设计 何石磊

货币拐点
——从商业银行货币到中央银行数字货币
[德]约瑟夫·胡伯 著
柯 达 译

出　　版 上海人民出版社
(201101 上海市闵行区号景路 159 弄 C 座)
发　　行 上海人民出版社发行中心
印　　刷 上海商务联西印刷有限公司
开　　本 890×1240 1/32
印　　张 8
插　　页 2
字　　数 166,000
版　　次 2024 年 4 月第 1 版
印　　次 2024 年 4 月第 1 次印刷
ISBN 978-7-208-18806-8/F·2867
定　　价 52.00 元

First published in English under the title
The Monetary Turning Point: From Bank Money to Central Bank Digital Currency (CBDC)
by Joseph Huber, edition: 1

Simplified Chinese language edition is published by Shanghai People's Publishing House.